DANS LA TEMPÊTE OU
SUR UN LIT DE FLEURS

WILLIAM SHAKESPEARE

ESPRITS DE NATURE

DANS LA TEMPÊTE OU SUR UN LIT DE FLEURS

WILLIAM SHAKESPEARE

Textes réunis par Élisabeth Combres

plume de carotte

« Et cette vie qui est nôtre,
loin du séjour des hommes,
Trouve un langage
aux arbres, des livres dans
les ruisseaux qui courent,
Des sermons dans les pierres
et le bien en toute chose. »

Comme il vous plaira,
William Shakespeare, Gallimard, 2014

DANS LA TEMPÊTE OU SUR UN LIT DE FLEURS

Par Élisabeth Combres

LE CAMPAGNARD DE STRATFORD

William Shakespeare fut l'homme d'une ville : Stratford-upon-Avon, bourgade du Warwickshire, l'a vu naître, grandir, fonder une famille, partir pour Londres où il créa son théâtre, puis revenir, à 48 ans, s'installer durablement dans l'une de ses plus belles demeures. C'est dans cette maison appelée New Place qu'il termina sa vie. Son œuvre témoigne de ses origines et de sa proximité avec la nature. On y retrouve la région du Warwickshire qui, au XVIe siècle, partage ses espaces entre forêts clairsemées, landes herbues, champs cultivés, jardins et vergers, pâturages piqués de trèfle, marguerite et moutarde. Shakespeare a créé, sous le règne d'Élisabeth 1re, dans une période agitée où l'on fait la guerre et décapite, un théâtre d'intrigues et de passion, d'action et de mouvement, où l'on vocifère, court, s'embrasse, rit, pleure et meurt. Ses pièces sont jouées devant un public populaire ou lettré de la capitale, et mettent en scène des rois, des marchands, des mégères, des fées et autres fantômes, ainsi que des fleurs et des oiseaux en quantité : « *Quand marguerites, violettes, / Cardamines couleur d'argent / Et jonquilles toutes jaunettes / Mettent aux prés leurs tons changeants, / Le coucou sur chaque arbre chante, / Pour les maris voix persiflante : / Coucou / Coucou, coucou ! La peur s'éveille / Dans toute maritale oreille.* »[1] Les spectateurs assistent à des scènes de chasse et de fauconnerie. Ils sont précipités au cœur de tempêtes et de crues mémorables, comme celles qui noyaient régulièrement Stratford et dont Shakespeare semblait connaître l'explication climatologique : « *Alors les vents, lassés de leurs vains chants de flûte, / Comme pour se venger ont sucé dans la mer / Des brouillards contagieux qui tombant sur le sol / Ont réveillé l'orgueil des plus minces rivières / De sorte qu'elles ont débordé de leur lit.* »[2]

DANS LE SECRET DES PLANTES

Shakespeare cite des végétaux près de huit cents fois dans son œuvre : fleur, arbre, champignon… le monde vert est omniprésent. L'époque est à la connaissance

---

(1) *Peines d'amour perdues,* dans *Œuvres complètes. Comédies I*, William Shakespeare, Robert Laffont, 2000.
(2) *Songe d'une nuit d'été*, dans *Œuvres complètes. Comédies I*, William Shakespeare, Robert Laffont, 2000.

des vertus médicinales des plantes, inspirée de superstitions médiévales, bien plus qu'à leur description botanique. Le gendre de Shakespeare, voisin de New Place, était un médecin herboriste qui a sans doute inspiré en partie ce portrait dans Périclès : « *J'ai toujours étudié / On le sait, la médecine ; grâce à cet art hermétique, / En compulsant les traités, par la pratique aussi, / J'ai pu me familiariser, pour m'en servir, / Avec les essences bénéfiques contenues / Dans les végétaux, les métaux et les pierres. / Ainsi je puis dire quels troubles engendre la nature, / Les cures qu'elle opère.* »(3) Qu'il fut initié par son gendre ou autodidacte éclairé, une chose est sûre, Shakespeare connaît les plantes. Il aime les observer, les jardiner, créer des vergers et des parterres de fleurs très prisés à l'époque élisabéthaine. Sa maison de Stratford disposait de plusieurs jardins. Il acheta aussi des terrains alentour et fit pousser de la vigne, des abricotiers, des pommiers, des pruniers.

LA NATURE AU CŒUR DU DRAME

S'il sait, dans le monde réel, jardiner et tirer profit des végétaux, Shakespeare met dans ses pièces des plantes bien moins

(3) *Périclès*, dans *Œuvres complètes. Tragicomédies II*, William Shakespeare, Robert Laffont, 2002.

faciles à domestiquer. Elles renvoient aux contes et au folklore de son enfance, aux fables d'Ovide, poète de la Rome antique qui raconta le monde inanimé, la nature vivante et ses métamorphoses. Les plantes des pièces de Shakespeare possèdent des pouvoirs magiques, ouvrent les portes du surnaturel. Les éléments, la végétation, les bêtes sauvages, les pierres, les éclairs : la nature tout entière est au cœur de ses récits. Tous participent à l'action, donnent de la voix, protestent ou protègent, sont pris à partie. Ainsi, quand un crime se prépare : « *Terre solide et ferme, / N'entends point où mes pas se dirigent, de peur / Que tes pierres mêmes ne jasent de ma route / Et n'enlèvent à ce moment l'horreur présente / Qui lui convient.* »[4] Shakespeare crée un univers où les êtres humains sont intimement liés à la nature. C'est elle qui dicte leurs actions et leurs comportements et c'est d'elle dont dépend l'avenir de l'humanité, harmonie durable ou désordre cosmique définitif, comme celui qu'appelle de ses vœux un roi Lear désespéré : « *Soufflez, déluges et trombes, jaillissez / Jusqu'à submerger nos clochers et noyer nos girouettes ! / Ô vous, feux sulfureux, prompts comme la pensée, / Avant-coureurs de la foudre qui fend les chênes, / Flambez mes*

---

(4) *Macbeth*, dans *Œuvres complètes. Tragédies II*, William Shakespeare, Robert Laffont, 1995.

cheveux blancs ! Et toi, tonnerre sismique, / Aplatis l'épaisse rotondité du monde, / Brise les moules de la nature, et détruis sur l'heure / Tous les principes qui produisent l'homme ingrat ! »[5]

(5) *Le Roi Lear*, dans *Œuvres complètes. Tragédies II*, William Shakespeare, Robert Laffont, 1995.

SOMMAIRE

Les textes de cet ouvrage sont extraits des livres et recueils suivants.

HAMLET

Le Second Hamlet, dans *Œuvres complètes. Les Deux Hamlet*, tome 1, traduction François-Victor Hugo, Pagnerre, 1865

SCÈNE III

Une chambre dans la maison de POLONIUS. *Entrent* LAERTES *et* OPHÉLIA.

LAERTES

— Mes bagages sont embarqués, adieu. — Ah ! sœur, quand les vents seront bons — et qu'un convoi sera prêt à partir, ne vous endormez pas, — mais donnez-moi de vos nouvelles.

OPHÉLIA

En pouvez-vous douter ?

LAERTES

— Pour ce qui est d'Hamlet et de ses frivoles attentions, — regardez cela comme une fantaisie, un jeu sensuel, — une violette de la jeunesse printanière, — précoce mais éphémère, suave mais sans durée, — dont le parfum remplit une minute ; — rien de plus.

OPHÉLIA

Rien de plus, vraiment ?

LAERTES

Non, croyez-moi, rien de plus. — Car la nature, dans la croissance, ne développe pas seulement — les muscles et la masse du corps ; mais, à mesure que le temple est plus vaste, — les devoirs que le service intérieur impose à l'âme — grandissent également. Peut-être vous aime-t-il aujourd'hui ; — peut-être aucune souillure, aucune déloyauté ne ternit-elle — la vertu de ses désirs ; mais vous devez craindre, — en considérant sa grandeur, que sa volonté ne soit pas à lui ; — en effet, il est lui-même le sujet de sa naissance. — Il ne lui est pas permis, comme aux gens sans valeur, — de décider pour lui-même ; car de son choix dépendent — le salut et la santé de tout l'État ; — et aussi son choix doit-il être circonscrit — par l'opinion et par l'assentiment du corps — dont il est la tête. Donc, s'il dit qu'il vous aime, — vous ferez sagement de n'y croire que dans les limites — où son rang spécial lui laisse la liberté — de faire ce qu'il dit : liberté — que règle tout entière la grande voix du Danemark. — Considérez donc quelle atteinte subirait votre honneur — si vous alliez écouter ses chansons d'une oreille trop crédule, — ou perdre votre cœur, ou bien ouvrir le trésor de votre chasteté — à son importunité sans frein. Prenez-y garde, Ophélia, prenez-y garde, ma chère sœur, — et tenez-vous en arrière de votre affection, — hors de la portée de ses dangereux désirs. — La vierge la plus chiche est assez prodigue — si elle démasque sa beauté pour la lune. — La vertu même n'échappe pas aux coups de la calomnie ; — le ver ronge les nouveau-nés du printemps, — trop souvent même avant que leurs boutons soient éclos ; — et c'est au matin de la jeunesse, à l'heure des limpides rosées, — que les souffles contagieux sont le plus menaçants. — Soyez donc prudente : la meilleure sauvegarde, c'est la crainte ; — la jeunesse trouve la révolte en elle-même, quand elle ne la trouve pas près d'elle.

OPHÉLIA

— Je conserverai le souvenir de ces bons conseils — comme un gardien pour mon cœur. Mais vous, cher frère, — ne faites pas comme ce pasteur impie qui — indique une route escarpée et épineuse vers le ciel, — tandis que lui-même, libertin repu et impudent, — foule les primevères du sentier de la licence, — sans se soucier de ses propres sermons.

[…]

SCÈNE XVI

La salle d'armes dans le château.

[…]

LAERTES

— Qu'y a-t-il ? quel est ce bruit ?

Entre Ophélia, bizarrement coiffée de fleurs et de brins de paille.

OPHÉLIA

— Ô incendie, dessèche ma cervelle ! Larmes sept fois salées, — brûlez mes yeux jusqu'à les rendre insensibles et impuissants ! — Par le ciel, ta folie sera payée si cher que le poids — de la vengeance retournera le fléau. Ô rose de mai ! — chère fille, bonne sœur, suave Ophélia ! — Ô cieux ! Est-il possible que la raison d'une jeune fille — soit aussi mortelle que la vie d'un vieillard ? — Sa nature se volatilise, et, devenue subtile, — elle envoie les plus précieuses émanations de son essence — vers l'être aimé.

OPHÉLIA, *chantant*

Ils l'ont porté tête nue sur la civière.
Hey no nonny ! nonny hey nonny !
Et sur son tombeau il a plu bien des larmes.

Adieu, mon tourtereau !

LAERTES

— Tu aurais ta raison et tu me prêcherais la vengeance, — que je serais moins ému. —

OPHÉLIA

Il faut que vous chantiez :

À bas ! à bas ! jetez-le à bas !

Oh ! comme ce refrain est à propos. Il s'agit de l'intendant perfide qui a volé la fille de son maître.

LAERTES

Ces riens-là en disent plus que bien des choses.

OPHÉLIA, *à* LAERTES

Voici du romarin ; c'est comme souvenir(1) : de grâce, amour, souvenez-vous ; et voici des pensées, en guise de pensées.

LAERTES

Leçon donnée par la folie ! Les pensées et les souvenirs réunis.

OPHÉLIA, *au* ROI

Voici pour vous du fenouil(2) et des colombines(3). *À la reine.*

---

(1) Dans le langage des fleurs, le romarin est le symbole du souvenir. Voilà pourquoi on le portait aux funérailles et aux noces.
(2) Le fenouil est le symbole de la flatterie.
(3) La colombine est la fleur du délaissement.

Voilà de la rue[4] pour vous, et en voici un peu pour moi ; nous pouvons bien l'appeler religieusement herbe de grâce, mais elle doit avoir à votre main un autre sens qu'à la mienne… Voici une pâquerette[5]. Je vous aurais bien donné des violettes, mais elles se sont toutes fanées, quand mon père est mort… On dit qu'il a fait une bonne fin.

Elle chante.

Car le bon cher Robin est toute ma joie[6].

LAERTES

Mélancolie, affliction, frénésie, enfer même, — elle donne à tout je ne sais quel charme et quelle grâce.

OPHÉLIA, *chantant*

Et ne reviendra-t-il pas ?
Non ! non ! il est mort.
Va à ton lit de mort.
Il ne reviendra jamais.
Sa barbe était blanche comme neige,
Toute blonde était sa tête.

---

(4) La rue est pour les Anglais la fleur du chagrin, à cause de la ressemblance de son nom avec le mot ruth qui signifie chagrin, contrition, attendrissement. On l'appelait aussi herbe de grâce, parce qu'on lui croyait la propriété de chasser le démon.
(5) La pâquerette est la fleur de la dissimulation.
(6) Bonny Robin est un vieil air saxon sur lequel ont été faites une foule de ballades et de chansons.

Il est parti ! il est parti !
Et nous perdons nos cris.
Dieu ait pitié de mon âme !

Et de toutes les âmes chrétiennes ! Je prie Dieu. Dieu soit avec vous !
Sort Ophélia.
[…]

SCÈNE XVIII

Dans le château.

[…]

LA REINE

— Un malheur marche sur les talons d'un autre, — tant ils se suivent de près : votre sœur est noyée, Laertes.

LAERTES

Noyée ! Oh ! où donc ?

LA REINE

Au bord du ruisseau croît un saule — qui mire ses feuilles grises dans la glace du courant. — Avec ce feuillage elle avait fait une fantasque guirlande, — de renoncules, d'orties, de marguerites et de ces longues fleurs pourpres, — que des bergers licencieux nomment d'un nom plus grossier[7], mais que nos froides vierges appellent doigts d'hommes morts. — Alors comme elle grimpait pour suspendre sa sauvage couronne — aux rameaux inclinés, une branche envieuse s'est cassée, — et tous ses trophées champêtres sont, comme elle, — tombés dans le ruisseau en pleurs. Ses vêtements se sont étalés — et l'ont soutenue un moment, nouvelle sirène, — pendant qu'elle chantait des bribes de vieilles chansons, — comme insensible à sa propre détresse, — ou comme une créature naturellement formée — pour cet élément. Mais cela n'a pu durer longtemps ; ses vêtements, alourdis par ce qu'ils avaient bu, — ont entraîné la pauvre malheureuse de son chant mélodieux — à une mort fangeuse.

LAERTES

Hélas ! elle est donc noyée ?

LA REINE

— Noyée, noyée.

LAERTES

— Tu n'as déjà que trop d'eau, pauvre Ophélia ; — je retiendrai donc mes larmes… Et pourtant,

Il sanglote.

---

(7) C'est la fleur appelée *Testiculus morionis*.

— c'est un tic chez nous : la nature garde ses habitudes, — quoi qu'en dise la honte. Quand ces pleurs auront coulé, — plus de femmelette en moi ! Adieu, Monseigneur ; — j'ai des paroles de feu qui flamboieraient, — si cette folle douleur ne les noyait pas.
Il sort.

[…]

LE SONGE D'UNE NUIT D'ÉTÉ

Le Songe d'une nuit d'été, dans *Œuvres complètes. Féeries*, tome 2, traduction François-Victor Hugo, Pagnerre, 1865

SCÈNE III

Un bois près d'Athènes. Il fait nuit.
La lune brille. Une fée entre par une porte et
PUCK *par une autre.*

PUCK

Eh bien ! esprit, où errez-vous ainsi ?

LA FÉE

— Par la colline, par la vallée, — à travers les buissons, à travers les ronces, — par les parcs, par les haies, — à travers l'eau, à travers le feu, — j'erre en tous lieux, — plus rapide que la sphère de la lune. — Je sers la reine des fées, — et j'humecte les cercles qu'elle trace sur le gazon. — Les primevères les plus hautes sont ses pensionnaires. — Vous voyez des taches sur leurs robes d'or : — ce sont les rubis, les bijoux de la fée, — taches de rousseur d'où s'exhale leur senteur. — Il faut maintenant que j'aille chercher des gouttes de rosée, — pour suspendre une perle à chaque oreille d'ours. — Adieu, toi, bouffon des esprits, je vais partir. — Notre reine et tous ses elfes viendront ici tout à l'heure.

PUCK

Le roi donne ici ses fêtes cette nuit. — Veille à ce que la reine ne s'offre pas à sa vue ; — car Obéron est dans une rage épouvantable, — parce qu'elle a pour page — un aimable enfant volé à un roi de l'Inde. — Elle n'a jamais eu un plus charmant captif ; — et Obéron jaloux voudrait faire de l'enfant — un chevalier de sa suite, pour parcourir les forêts sauvages. — Mais elle retient de force l'enfant bien-aimé, — la couronne de fleurs, et en fait toute sa joie. — Chaque fois maintenant qu'ils se rencontrent, au bois, sur le gazon, — près d'une limpide fontaine, à la clarté du ciel étoilé, — le roi et la reine se querellent : si bien que tous leurs sylphes effrayés — se fourrent dans la coupe des glands et s'y cachent.

LA FÉE

— Ou je me trompe bien sur votre forme et vos façons, — ou vous êtes cet esprit malicieux et coquin — qu'on nomme Robin Bonenfant. N'êtes-vous pas celui — qui effraie les filles du village, — écrème le lait, tantôt dérange le moulin, — et fait que la ménagère s'essouffle vainement à la baratte, — tantôt empêche la boisson de fermenter, — et égare la nuit les voyageurs, en riant de leur peine ? — Ceux qui vous appellent Hobgoblin et charmant Puck, — vous faites leur ouvrage, et vous leur portez bonheur. — N'êtes-vous pas celui-là ?

PUCK

Tu dis vrai ; — je suis ce joyeux rôdeur de nuit. — J'amuse Obéron, et je le fais sourire — quand je trompe un cheval gras et nourri de fèves, — en hennissant comme une pouliche coquette. — Parfois je me tapis dans la tasse d'une commère — sous la forme exacte d'une pomme cuite ; — et, lorsqu'elle boit, je me heurte contre ses lèvres, — et je répands l'ale sur son fanon flétri. — La matrone la plus sage, contant le conte le plus grave, — me prend parfois pour un escabeau à trois pieds ; — alors je glisse sous son derrière ; elle tombe, — assise comme un tailleur, et est prise d'une quinte de toux ; — et alors toute l'assemblée de se tenir les côtes et de rire, — et de pouffer de joie, et d'éternuer, et de jurer — que jamais on n'a passé de plus gais moments. — Mais, place, fée ! voici Obéron qui vient.

LA FÉE

Et voici ma maîtresse. Que n'est-il parti !

Obéron entre avec son cortège d'un côté, Titania, avec le sien, de l'autre.

OBÉRON

— Fâcheuse rencontre au clair de lune, fière Titania !

TITANIA

— Quoi, jaloux Obéron ? Fées, envolons-nous d'ici : — j'ai abjuré son lit et sa société.

OBÉRON

— Arrête, impudente coquette. Ne suis-je pas ton seigneur ?

TITANIA

— Alors, que je sois ta dame ! Mais je sais — qu'il t'est arrivé de t'enfuir du pays des fées — pour aller tout le jour t'asseoir sous la forme de Corin, — jouant du chalumeau, et adressant de tendres vers — à l'amoureuse Phillida. Pourquoi es-tu ici, — de retour des côtes les plus reculées de l'Inde ? — C'est, ma foi, parce que la fanfaronne Amazone, — votre maîtresse en bottines, vos amours guerrières, — doit être mariée à Thésée ; et vous venez — pour apporter à leur lit la joie et la prospérité !

OBÉRON

Comment n'as-tu pas honte, Titania, — d'attaquer

mon caractère à propos d'Hippolyte, — sachant que je sais ton amour pour Thésée ? — Ne l'as-tu pas, à la lueur de la nuit, emmené — des bras de Périgénie, qu'il avait ravie ? — Ne lui as-tu pas fait violer sa foi envers la belle Églé, — envers Ariane et Antiope ?

TITANIA

Ce sont les impostures de la jalousie. — Jamais, depuis le commencement de la mi-été, — nous ne nous sommes réunies sur la colline, au vallon, au bois, au pré, — près d'une source cailloutée, ou d'un ruisseau bordé de joncs, — ou sur une plage baignée de vagues, — pour danser nos rondes au sifflement des vents, — sans que tu aies troublé nos jeux de tes querelles. — Aussi les vents, nous ayant en vain accompagnés de leur zéphyr, — ont-ils, comme pour se venger, aspiré de la mer — des brouillards contagieux qui, tombant sur la campagne, — ont à ce point gonflé d'orgueil les plus chétives rivières, — qu'elles ont franchi leurs digues. — Ainsi, le bœuf a traîné son joug en vain, — le laboureur a perdu ses sueurs, et le blé vert — a pourri avant que la barbe fût venue à son jeune épi. — Le parc est resté vide dans le champ noyé, — et les corbeaux se sont engraissés du troupeau mort. — Le mail où l'on jouait à la mérelle est rempli de boue ; — et les délicats méandres dans le gazon touffu — n'ont plus de tracé qui les distingue. — Les mortels humains ne reconnaissent plus leur hiver : — ils ne sanctifient plus les soirées par des hymnes ou des noëls. — Aussi la lune, cette souveraine des flots, — pâle de colère, remplit l'air d'humidité, — si bien que les rhumes abondent. — Grâce à cette intempérie[8], nous voyons — les saisons changer : le givre à crête hérissée — s'étale dans le frais giron de la rose cramoisie ; — et au menton du vieil Hiver, sur son crâne glacé, — une guirlande embaumée de boutons printaniers — est mise comme par dérision. Le printemps, l'été, — l'automne fécond, l'hiver chagrin échangent — leur livrée habituelle : et le monde effaré — ne sait plus les reconnaître à leurs produits. — Ce qui engendre ces maux, — ce sont nos débats et nos dissensions : — nous en sommes les auteurs et l'origine.

OBÉRON

— Mettez-y donc un terme : cela dépend de vous. — Pourquoi Titania contrarierait-elle son Obéron ? — Je ne lui demande qu'un petit enfant volé — pour en faire mon page.

---

(8) Toute l'Angleterre souffrit, entre 1593 et en 1594, de ce trouble des saisons, que Shakespeare attribue ici aux querelles de Titania et d'Obéron.

TITANIA

Que votre cœur s'y résigne. — Tout l'empire des fées ne me paierait pas cet enfant. — Sa mère était une adoratrice de mon ordre. — Que de fois, la nuit dans l'air plein d'arômes de l'Inde, — nous avons causé côte à côte ! — Assises ensemble sur le sable jaune de Neptune, — nous observions sur les flots les navires marchands, — et nous riions de voir les voiles concevoir — et s'arrondir sous les caresses du vent. — Alors, faisant gracieusement la mine de nager, — avec son ventre gros alors de mon jeune écuyer, — elle les imitait et voguait sur la terre, — pour m'aller chercher de menus présents, et s'en revenir, — comme après un voyage, avec une riche cargaison. — Mais elle était mortelle, et elle est morte de cet enfant ; — et j'élève cet enfant pour l'amour d'elle ; — et, pour l'amour d'elle, je ne veux pas me séparer de lui.

OBÉRON

— Combien de temps comptez-vous rester dans ce bois ?

TITANIA

Peut-être jusqu'après les noces de Thésée. — Si vous voulez paisiblement danser dans notre ronde — et voir nos ébats du clair de lune, venez avec nous ; — sinon, fuyez-moi, et j'éviterai les lieux hantés par vous.

OBÉRON

— Donne-moi cet enfant, et j'irai avec toi.

TITANIA

— Non, pas pour tout ton royaume. Fées, partons : — nous nous fâcherons tout de bon, si je reste plus longtemps.
Sort Titania avec sa suite.

OBÉRON

— Soit, va ton chemin ; tu ne sortiras pas de ce bois — que je ne t'aie châtiée pour cet outrage. — Viens ici, mon gentil Puck. Tu te rappelles l'époque — où, assis sur un promontoire, — j'entendis une sirène, portée sur le dos d'un dauphin, — proférer un chant si doux et si harmonieux — que la rude mer devint docile à sa voix, — et que plusieurs étoiles s'élancèrent follement de leur sphère — pour écouter la musique de cette fille des mers ?

PUCK

Je me rappelle.

OBÉRON

— Cette fois-là même, je vis, (mais tu ne pus le voir,) — je vis voler, entre la froide lune et la terre, — Cupidon tout armé : il visa — une belle vestale, trônant à l'Occident, — et décocha de son arc une flèche d'amour assez violente — pour percer cent mille cœurs. — Mais je pus voir le trait enflammé du jeune Cupidon — s'éteindre dans les chastes rayons de la lune humide, — et l'impériale prêtresse passa, — pure d'amour, dans sa virginale rêverie. — Je remarquai pourtant où le trait de Cupidon tomba : — il tomba sur une petite fleur d'Occident, — autrefois blanche comme le lait, aujourd'hui empourprée par sa blessure, — que les jeunes filles appellent Pensée d'amour. — Va me chercher cette fleur ; je t'en ai montré une fois la feuille. — Son suc, étendu sur des paupières endormies, — peut rendre une personne, femme ou homme, amoureuse folle — de la première créature vivante qui lui apparaît. — Va me chercher cette plante : et sois de retour — avant que Léviathan ait pu nager une lieue.

PUCK

— Je puis faire une ceinture autour de la terre — en quarante minutes.
Il sort.

OBÉRON

Quand une fois j'aurai ce suc, — j'épierai Titania dans son sommeil, — et j'en laisserai tomber une goutte sur ses yeux. — Le premier être qu'elle regardera en s'éveillant, — que ce soit un lion, un ours, un loup, un taureau, — le singe le plus taquin, le magot le plus tracassier, — elle le poursuivra avec l'âme de l'amour. — Et, avant de délivrer sa vue de ce charme, — ce que je puis faire avec une autre herbe, — je la forcerai à me livrer son page.

[...]

Entre Puck.

OBÉRON, *à* PUCK

— As-tu la fleur ? Sois le bienvenu, rôdeur.

PUCK

— Oui, la voilà.

OBÉRON

Donne-la-moi, je te prie. — Je sais un banc où s'épanouit le thym sauvage, — où poussent l'oreille d'ours et la violette branlante. — Il est couvert par un dais de chèvrefeuilles vivaces, — de suaves roses musquées et d'églantiers. — C'est là que dort Titania, à certain moment de la nuit, — bercée dans ces fleurs par les danses et les délices : — c'est là que la couleuvre étend sa peau émaillée, — vêtement assez large pour couvrir une fée. — Alors je teindrai ses yeux avec le suc de cette fleur, — et je la remplirai d'odieuses fantaisies.

[...]

SCÈNE IV

Une autre partie du bois.
Devant le chêne du duc.
TITANIA *arrive avec sa suite.*

TITANIA

— Allons ! maintenant une ronde et une chanson féerique ! — Ensuite, allez-vous-en pendant le tiers d'une minute ; — les unes, tuer les vers dans les boutons de rose musquée, — les autres, guerroyer avec les chauve-souris pour avoir la peau de leurs ailes, — et en faire des cottes à mes petits sylphes, d'autres chasser — le hibou criard qui la nuit ne cesse de huer, effarouché — par nos ébats subtils. Maintenant, endormez-moi de vos chants, — puis, allez à vos fonctions, et laissez-moi reposer.

Chanson.

PREMIÈRE FÉE

Vous, serpents tachetés au double dard,
Hérissons épineux, ne vous montrez pas,
Salamandres, orvets, ne soyez pas malfaisants,
N'approchez pas de la reine des fées.

CHŒUR DES FÉES

Philomèle, avec ta mélodie,
Accompagne notre douce chanson ;

Lulla, Lulla, Lullaby ! Lulla, Lulla, Lullaby !
Que ni malheur, ni charme, ni maléfice
N'atteigne notre aimable dame,
Et bonne nuit, avec Lullaby.

SECONDE FÉE

Araignées fileuses, ne venez pas céans ;
Arrière, faucheux aux longues pattes, arrière!
Noirs escarbots, n'approchez pas.
Vers et limaçons, ne faites aucun dégât.

CHŒUR DES FÉES

Philomèle, avec ta mélodie,
Accompagne notre douce chanson ;
Lulla, Lulla, Lullaby ! Lulla, Lulla, Lullaby !
Que ni malheur, ni charme, ni maléfice
N'atteigne notre aimable dame,
Et bonne nuit, avec Lullaby.

PREMIÈRE FÉE

Maintenant, partons, tout va bien.
Qu'une de nous se tienne à l'écart, en sentinelle !

Les fées sortent. Titania s'endort.

Entre Obéron.

OBÉRON, *pressant la fleur sur les paupières de* TITANIA

Que l'être que tu verras à ton réveil
Soit par toi pris pour amant !
Aime-le et languis pour lui ;
Quel qu'il soit, once, chat, ours,
Léopard ou sanglier au poil hérissé,
Que celui qui apparaîtra à tes yeux,
Quand tu t'éveilleras, soit ton chéri !
Réveille-toi, quand quelque être vil approchera.

Il sort.

[…]

Entrent les clowns, Lecoing, Étriqué, Bottom, Flûte, Groin et Meurt de Faim.

BOTTOM

Sommes-nous tous réunis ?

LECOING

Parfait ! parfait ! et voici une place merveilleusement convenable pour notre répétition. Cette pelouse verte sera notre scène, ce fourré d'aubépine nos coulisses, et nous allons mettre ça en action comme nous le mettrons devant le duc.

BOTTOM

Pierre Lecoing…

LECOING

Que dis-tu, bruyant Bottom ?

BOTTOM

Il y a dans cette comédie de Pyrame et Thisbé des choses qui ne plairont jamais. D'abord, Pyrame doit tirer l'épée pour se tuer ; ce que les dames ne supporteront pas. Qu'avez-vous à répondre à ça ?

GROIN

Par Notre-Dame ! ça leur fera une peur terrible.

MEURT DE FAIM

Je crois que nous devons renoncer à la tuerie comme dénouement.

BOTTOM

Pas le moins du monde. J'ai un moyen de tout arranger. Faites-moi un prologue ; et que ce prologue affecte de dire que nous ne voulons pas nous faire de mal avec nos épées et que Pyrame n'est pas tué tout de bon ; et, pour les rassurer encore mieux, dites que moi, Pyrame, je ne suis pas Pyrame, mais Bottom le tisserand : ça leur ôtera toute frayeur.

LECOING

Soit, nous aurons un prologue comme ça, et il sera écrit en vers de huit et de six syllabes.

BOTTOM

Non ! deux syllabes de plus ! en vers de huit et de huit !

GROIN

Est-ce que ces dames n'auront pas peur du lion ?

MEURT DE FAIM

J'en ai peur, je vous le promets.

BOTTOM

Mes maîtres, réfléchissez-y bien. Amener, Dieu nous soit en aide ! un lion parmi ces dames, c'est une chose fort effrayante ; car il n'y a pas au monde d'oiseau de proie plus terrible que le lion, voyez-vous ; et nous devons y bien regarder.

GROIN

Eh bien, il faudra un autre prologue pour dire que ce n'est pas un lion.

BOTTOM

Oui, il faudra que vous disiez le nom de l'acteur, et qu'on voie la moitié de son visage à travers la crinière du lion ; il faudra que lui-même parle au travers et qu'il dise ceci ou quelque chose d'équivalent : *Mes dames*, ou : *belles dames, je vous demande, ou : je vous requiers, ou : je vous supplie de ne pas avoir peur, de ne pas trembler ; ma vie répond de la vôtre. Si vous pensiez que je suis venu en vrai lion, ce serait fâcheux pour ma vie. Non, je ne suis rien de pareil : je suis un homme comme les autres hommes*. Et alors, ma foi, qu'il se nomme et qu'il leur dise franchement qu'il est Étriqué le menuisier.

LECOING

Allons, il en sera ainsi. Mais il y a encore deux choses difficiles : c'est d'amener le clair de lune dans une chambre ; car, vous savez, Pyrame et Thisbé se rencontrent au clair de lune.

ÉTRIQUÉ

Est-ce que la lune brillera la nuit où nous jouerons ?

BOTTOM

Un calendrier ! un calendrier ! Regardez dans l'almanach ; trouvez le clair de lune, trouvez le clair de lune.

LECOING

Oui, la lune brille cette nuit-là.

BOTTOM

Eh bien, vous pourriez laisser ouverte une lucarne de la fenêtre dans la grande salle où nous jouerons ; et la lune pourra briller par cette lucarne.

LECOING

Oui ; ou bien quelqu'un devrait venir avec un fagot d'épines et une lanterne et dire qu'il vient pour défigurer ou représenter le personnage du clair de lune. Mais il y a encore autre chose. Il faut que nous ayons un mur dans la grande salle ; car Pyrame et Thisbé, dit l'histoire, causaient à travers la fente d'un mur.

ÉTRIQUÉ

Vous ne pourrez jamais apporter un mur... Qu'en dites-vous, Bottom ?

BOTTOM

Un homme ou un autre devra représenter le mur : il faudra qu'il ait sur lui du plâtre, ou de l'argile, ou de la chaux pour figurer le mur ; et puis, qu'il tienne ses doigts comme ça, et Pyrame et Thisbé chuchoteront à travers l'ouverture.

LECOING

Si ça se peut, alors tout est bien. Allons, asseyez-vous tous, fils de mères que vous êtes, et répétez vos rôles. Vous, Pyrame, commencez : quand vous aurez dit votre tirade, vous entrerez dans ce taillis, et ainsi de suite, chacun à son moment.

Entre Puck au fond du théâtre.

PUCK

— Qu'est-ce donc que ces filandreuses brutes qui viennent brailler ici, — si près du berceau de la reine des fées ? — Quoi ! une pièce en train ? Je serai spectateur, — peut-être acteur aussi, si j'en trouve l'occasion. —

LECOING

Parlez, Pyrame... Thisbé, avancez.

PYRAME

Thisbé, les fleurs odieuses ont un parfum suave...

LECOING

Odorantes ! odorantes !

PYRAME

Les fleurs odorantes ont un parfum suave.

Tel celui de ton haleine, ma très chère Thisbé, chérie.

Mais écoute, une voix ! Arrête un peu ici,

Et tout à l'heure je vais t'apparaître.

Sort Pyrame.

PUCK, *à part*

— Le plus étrange Pyrame qui ait jamais joué ici ! —

Il sort en suivant Pyrame.

THISBÉ

Est-ce à mon tour de parler ?

LECOING

Oui, pardieu, c'est à votre tour ; car vous devez comprendre qu'il n'est sorti que pour voir un bruit qu'il a entendu, et qu'il va revenir.

THISBÉ

Très radieux Pyrame, au teint blanc comme le lis,

Toi dont l'incarnat est comme la rose rouge sur l'églantier triomphant,

Le plus piquant jouvenceau, et aussi le plus aimable Juif,

Fidèle comme un fidèle coursier qui jamais ne se fatigue,

J'irai te retrouver, Pyrame, à la tombe de Nigaud.

LECOING

À la tombe de Ninus, l'homme !... Mais vous ne devez pas dire ça encore : c'est ce que vous répondrez à Pyrame ; vous dites tout votre rôle à la fois, en confondant toutes les répliques. Entrez, Pyrame : on a passé votre réplique, après ces mots : qui jamais ne se fatigue.

Reviennent Puck et Bottom, affublé d'une tête d'âne.

THISBÉ

Fidèle comme le fidèle coursier qui jamais ne se fatigue…

PYRAME

Si je l'étais, belle Thisbé, je ne serais qu'à toi.

LECOING, *apercevant* BOTTOM

Ô monstruosité ! ô prodige ! nous sommes hantés ! — En prières, mes maîtres ! fuyons, mes maîtres ! au secours !

Les clowns sortent.

PUCK

— Je vais vous suivre ; je vais vous faire faire un tour — à travers les marais, les buissons, les fourrés, les ronces. — Tantôt je serai cheval, tantôt chien, — cochon, ours sans tête, tantôt flamme ; — et je vais hennir, et aboyer, et grogner, et rugir, et brûler — tour à tour comme un cheval, un chien, un ours, une flamme. —

Il sort.

BOTTOM

Pourquoi se sauvent-ils ? C'est une farce pour me faire peur.

Revient Groin.

GROIN

Ô Bottom, comme tu es changé ! qu'est-ce que je vois sur toi ?

BOTTOM

Ce que vous voyez ? vous voyez une tête d'âne, la vôtre. Voyez-vous ?
Sort Groin.

Revient Lecoing.

LECOING

Dieu te bénisse, Bottom, Dieu te bénisse ! tu es métamorphosé.
Il sort.

BOTTOM

Je vois leur farce ; ils veulent faire de moi un âne, m'effrayer, s'ils peuvent. Mais, ils auront beau faire, je ne veux pas bouger de cette place ; je vais me promener ici de long en large, et chanter, pour qu'ils sachent que je n'ai pas peur.

Il chante.

Le merle, si noir de couleur,
Au bec jaune-orange,
La grive à la note si juste,
Le roitelet avec sa petite plume…

TITANIA, *s'éveillant*

— Quel est l'ange qui m'éveille de mon lit de fleurs ? —

BOTTOM, *chantant*

Le pinson, le moineau, et l'alouette,
Le gris coucou avec son plain-chant,
Dont maint homme écoute la note
Sans oser lui répondre non !

Car, vraiment, qui voudrait mettre son esprit aux prises avec un si fol oiseau ? qui voudrait donner un démenti à un oiseau, eût-il beau crier à tue-tête : coucou ?

TITANIA

— Je t'en prie, gentil mortel, chante encore. — Autant mon oreille est énamourée de ta note, — autant mes yeux sont captivés par ta forme, — et la force de ton brillant mérite m'entraîne, malgré moi, — à la première vue, à dire, à jurer que je t'aime. —

BOTTOM

M'est avis, madame, que vous avez bien peu de raisons pour ça : et pourtant, à dire vrai, la raison et l'amour ne vont guère de compagnie, par le temps qui court ; c'est grand dommage que d'honnêtes voisins n'essaient pas de les réconcilier.

Oui-da, je sais batifoler dans l'occasion.

TITANIA

— Tu es aussi sage que tu es beau. —

BOTTOM

Non, je ne suis ni l'un ni l'autre. Mais, si j'avais seulement assez d'esprit pour me tirer de ce bois, j'en aurais assez pour ce que j'en veux faire.

TITANIA

Ne demande pas à sortir de ce bois. — Tu resteras ici, que tu le veuilles ou non. — Je suis un esprit d'un ordre peu commun ; — l'été est une dépendance inséparable de mon empire, — et je t'aime. Donc, viens avec moi ; — je te donnerai des fées pour te servir ; — et elles t'iront chercher des joyaux au fond de l'abîme, — et elles chanteront, tandis que tu dormiras sur les fleurs pressées. — Et je te purgerai si bien de ta grossièreté mortelle — que tu iras comme un esprit aérien. — Fleur des Pois ! Toile d'Araignée ! Phalène ! Grain de Moutarde ! —

Entrent quatre sylphes.

PREMIER SYLPHE

— Me voici.

DEUXIÈME SYLPHE

Et moi.

TROISIÈME SYLPHE

Et moi.

QUATRIÈME SYLPHE

Où faut-il que nous allions ?

TITANIA

Soyez aimables et courtois pour ce gentilhomme ; — bondissez dans ses promenades et gambadez à ses yeux ; — nourrissez-le d'abricots et de groseilles, — de grappes pourpres, de figues vertes et de mûres ; — dérobez aux abeilles leurs sacs de miel ; — pour flambeaux de nuit, coupez leurs cuisses enduites de cire, — et allumez-les aux yeux enflammés du ver luisant, — afin d'éclairer mon bien-aimé à son coucher et à son lever ; — et arrachez les ailes des papillons diaprés — pour écarter de ses yeux endormis les rayons de lune. — Inclinez-vous devant lui, sylphes, et faites-lui vos courtoisies.

PREMIER SYLPHE

— Salut, mortel !

DEUXIÈME SYLPHE

Salut !

TROISIÈME SYLPHE

Salut !

QUATRIÈME SYLPHE

Salut ! –

BOTTOM

J'implore du fond du cœur la merci de vos révérences.

Au premier sylphe.

Par grâce, le nom de votre révérence ?

PREMIER SYLPHE

Toile d'Araignée.

BOTTOM

Je vous demande votre amitié, cher monsieur Toile d'Araignée ; si je me coupe le doigt, je prendrai avec vous des libertés.

Au second sylphe.

Votre nom, honnête gentilhomme ?

DEUXIÈME SYLPHE

Fleur des Pois.

BOTTOM

De grâce, recommandez-moi à mistress Cosse,

votre mère, et à maître Pois-Chiche, votre père. Cher monsieur Fleur des Pois, je demanderai à faire avec vous plus ample connaissance.

Au troisième sylphe.

Par grâce, votre nom, monsieur ?

TROISIÈME SYLPHE

Grain de Moutarde.

BOTTOM

Cher monsieur Grain de Moutarde, je connais bien vos souffrances ; maint gigantesque rosbif a lâchement dévoré bien des gentilshommes de votre maison. Votre famille m'a fait souvent venir la larme à l'œil, je vous le promets. Je demande à lier connaissance avec vous, bon monsieur Grain de Moutarde.

TITANIA

— Allons, escortez-le, conduisez-le à mon berceau. — La lune, il me semble, regarde d'un œil humide ; — et, quand elle pleure, les plus petites fleurs pleurent, — se lamentant sur quelque virginité violée. — Enchaînez la langue de mon bien-aimé ; conduisez-le en silence. —

Ils sortent.

SCÈNE V

Une autre partie du bois.
Entre OBÉRON.

OBÉRON

— Je suis curieux de savoir si Titania s'est éveillée, — et puis, quel est le premier être qui s'est offert à sa vue — et dont elle a dû s'éprendre éperdument.

Entre Puck.

— Voici mon messager. Eh bien, fol esprit, — quelle fredaine nocturne viens-tu de faire dans ce bois enchanté ?

PUCK

— Ma maîtresse est amoureuse d'un monstre. — Tandis qu'elle prenait — son heure de sommeil — auprès de son berceau discret et consacré, — une troupe de paillasses, d'artisans grossiers, — qui travaillent pour du pain dans les échoppes d'Athènes, — se sont réunis pour répéter une pièce — qui doit être jouée le jour des noces du grand Thésée. — Le niais le plus épais de cette stupide bande, — lequel jouait Pyrame, a quitté la scène — pendant la représentation et est entré dans un taillis ; — je l'ai surpris à ce moment favorable, — et lui ai fixé sur le chef une tête d'âne. — Alors, comme il fallait donner la réplique à sa Thisbé, — mon saltimbanque reparaît.

Quand les autres l'aperçoivent, — figurez-vous des oies sauvages voyant ramper l'oiseleur, — ou une troupe de choucas à tête rousse, — qui, au bout du mousquet, s'envolent en croassant, — se dispersent et balaient follement le ciel ; — c'est ainsi qu'à sa vue tous ses camarades se sauvent ; — je trépigne, et tous de tomber les uns sur les autres, — et de crier au meurtre, et d'appeler Athènes au secours. — Leur raison si faible, égarée par une frayeur si forte, — a tourné contre eux les êtres inanimés. — Les épines et les ronces accrochent leurs vêtements, — aux uns, leurs manches, aux autres, leur chapeau : ils laissent partout leurs dépouilles. — Je les ai emmenés, éperdus d'épouvante, — et j'ai laissé sur place le tendre Pyrame métamorphosé. — C'est à ce moment, le hasard ainsi l'a voulu, — que Titania s'est éveillée et s'est aussitôt amourachée d'un âne.

[...]

Entrent Titania et Bottom, entourés d'un cortège de fées ; Obéron, en arrière, invisible.

TITANIA, *à* BOTTOM

— Viens t'asseoir sur ce lit de fleurs, — que je caresse tes joues charmantes, — et que j'attache des roses musquées sur ta tête douce et lisse, — et que je baise tes belles longues oreilles, mon ineffable joie ! —

BOTTOM

Où est Fleur des Pois ?

FLEUR DES POIS

Me voici.

BOTTOM

Gratte-moi la tête, Fleur des Pois... Où est monsieur Toile d'Araignée ?

TOILE D'ARAIGNÉE

Me voici.

BOTTOM

Monsieur Toile d'Araignée, mon bon monsieur, prenez vos armes ; et tuez-moi cette abeille aux cuisses rouges au haut de ce chardon ; puis, apportez-moi son sac à miel, mon bon monsieur. Ne vous écorchez pas trop dans l'action, monsieur ; surtout, mon bon monsieur, ayez soin que le sac à miel ne crève pas. Il me répugnerait de vous voir inondé de miel, signor. Où est monsieur Grain de Moutarde ?

GRAIN DE MOUTARDE

Me voici.

BOTTOM

Donnez-moi une poignée de main, monsieur

Grain de Moutarde. De grâce, pas de cérémonie, mon bon monsieur.

GRAIN DE MOUTARDE

Que m'ordonnez-vous ?

BOTTOM

Rien, mon bon monsieur, si ce n'est d'aider le cavalero Toile d'Araignée à me gratter. Il faut que j'aille chez le barbier, monsieur, car m'est avis que je suis merveilleusement poilu autour du visage ; et je suis un âne si délicat que, pour peu qu'un poil me démange, il faut que je me gratte.

TITANIA

— Voyons, veux-tu entendre de la musique, mon doux amour ? —

BOTTOM

J'ai l'oreille passablement bonne en musique ; qu'on nous donne la clef et les pincettes.

TITANIA

— Dis-moi, doux amour, ce que tu désires manger. —

BOTTOM

Ma foi, un picotin. Je mâcherais bien de votre bonne avoine bien sèche. M'est avis que j'aurais grande envie d'une botte de foin : du bon foin, du foin qui embaume, rien n'est égal à ça.

TITANIA

— J'ai une fée aventureuse qui ira fouiller — le magasin d'un écureuil et t'apportera des noix nouvelles. —

BOTTOM

J'aimerais mieux une poignée ou deux de pois secs. Mais, je vous en prie, empêchez vos gens de me déranger ; je sens venir à moi un accès de sommeil.

TITANIA

— Dors, et je vais t'enlacer de mes bras. — Partez, fées, et explorez tous les chemins.

Les fées sortent.

— Ainsi le chèvrefeuille, le chèvrefeuille embaumé — s'enlace doucement, ainsi le lierre femelle — s'enroule aux doigts d'écorce de l'orme. — Oh ! comme je t'aime ! comme je raffole de toi ! —

Ils s'endorment.

Obéron s'avance. Entre Puck.

OBÉRON

— Bienvenue, cher Robin. Vois-tu ce charmant spectacle ? — Je commence maintenant à prendre en pitié sa folie. — Tout à l'heure, l'ayant rencontrée, en arrière du bois, — qui cherchait de suaves présents pour cet affreux imbécile, — je lui ai fait honte et me suis querellé avec elle. — Déjà, en effet, elle avait ceint les tempes velues du drôle — d'une couronne de fleurs fraîches et parfumées ; — et la rosée, qui sur leurs boutons — étalait naguère ses rondes perles d'Orient, — cachait alors dans le calice de ces jolies fleurettes — les larmes que lui arrachait leur disgrâce. — Quand je l'ai eu tancée tout à mon aise, — elle a imploré mon pardon dans les termes les plus doux. — Je lui ai demandé alors son petit favori ; — elle me l'a accordé sur-le-champ, et a dépêché une de ses fées — pour l'amener à mon bosquet dans le pays féerique. — Et maintenant que j'ai l'enfant, je vais mettre un terme — à l'odieuse erreur de ses yeux. — Toi, gentil Puck, enlève ce crâne emprunté — de la tête de ce rustre Athénien ; — afin que, s'éveillant avec les autres, — il s'en retourne comme eux à Athènes, — ne se rappelant les accidents de cette nuit — que comme les tribulations d'un mauvais rêve. — Mais d'abord je vais délivrer la reine des fées. —

Il touche les yeux de Titania avec une herbe.

Sois comme tu as coutume d'être ;
Vois comme tu as coutume de voir ;
La fleur de Diane a sur la fleur de Cupidon

Cette influence et ce bienheureux pouvoir.

— Allons, ma Titania ; éveillez-vous, ma douce reine.

TITANIA, *s'éveillant*

— Mon Obéron ! quelles visions j'ai vues ! — il m'a semblé que j'étais amoureuse d'un âne.

OBÉRON

— Voilà votre amant, par terre.

TITANIA

Comment ces choses sont-elles arrivées ? — Oh ! combien son visage est répulsif à mes yeux maintenant !

OBÉRON

— Silence, un moment. Robin, enlève cette tête. — Titania, appelez votre musique ; et qu'elle frappe d'une léthargie, plus profonde — qu'un sommeil vulgaire, les sens de ces cinq êtres.

TITANIA

— La musique ! holà ! une musique à enchanter le sommeil !

PUCK, *enlevant la tête d'âne de* BOTTOM

— Quand tu t'éveilleras, vois avec tes yeux d'imbécile.

OBÉRON

— Résonnez, musique !

Une musique calme se fait entendre.

À Titania.

Viens, ma reine, donne-moi la main, — et remuons sous nos pas le berceau de ces dormeurs. — Toi et moi, maintenant, nous sommes de nouveaux amis ; — demain, à minuit, nous exécuterons solennellement — des danses triomphales dans la maison du duc Thésée, — et par nos bénédictions nous y appellerons la plus belle postérité. — Là, ces deux couples d'amants fidèles seront — unis en même temps que Thésée, pour la joie de tous.

PUCK

Roi des fées, attention, écoute.
J'entends l'alouette matinale.

OBÉRON

Allons, ma reine, dans un grave silence,
Courons après l'ombre de la nuit.
Nous pouvons faire le tour du globe
Plus vite que la lune errante.

TITANIA

Allons, mon seigneur.

Dans notre vol,
Vous me direz comment, cette nuit,
J'ai pu me trouver ici endormie
Avec ces mortels, sur la terre.

Ils sortent.

L'aube naît. On entend le son du cor.

[…]

SCÈNE VII

Athènes. Le palais de Thésée.
Entrent THÉSÉE, HIPPOLYTE, PHILOSTRATE, SEIGNEURS, *suite.*

HIPPOLYTE

— C'est bien étrange, mon Thésée, ce que racontent ces amants.

THÉSÉE

— Plus étrange que vrai. Je ne pourrai jamais croire — à ces vieilles fables, à ces contes de fée. — Les amoureux et les fous ont des cerveaux bouillants, — des fantaisies visionnaires qui perçoivent — ce que la froide raison ne pourra jamais comprendre. — Le fou, l'amoureux et le poète — sont tous faits d'imagination. — L'un voit plus de démons que le vaste enfer n'en peut contenir, — c'est le fou ; l'amoureux, tout aussi frénétique, — voit la beauté d'Hélène sur un front égyptien ; — le regard du poète, animé d'un beau délire, — se porte du ciel à la terre et de la terre au ciel ; — et, comme son imagination donne un corps — aux choses inconnues, la plume du poète — leur prête une forme et assigne au néant aérien — une demeure locale et un nom. — Tels sont les caprices d'une imagination forte : — pour peu qu'elle conçoive une joie, — elle suppose un messager qui l'apporte. — La nuit, avec l'imagination de la peur, — comme on prend aisément un buisson pour un ours !

HIPPOLYTE

— Oui, mais tout le récit qu'ils nous ont fait de cette nuit, — de la transfiguration simultanée de toutes leurs âmes, — est plus convaincant que de fantastiques visions ; — il a le caractère d'une grande consistance, — tout étrange et tout merveilleux qu'il est.

[…]

Entre Thisbé.

THISBÉ

Ô Mur, que de fois tu m'as entendu gémir
De ce que tu me séparais de mon beau Pyrame !
Que de fois mes lèvres cerises ont baisé tes pierres,

Tes pierres cimentées de chaux et de poils !

PYRAME

J'aperçois une voix ; allons maintenant à la crevasse,

Pour voir si je n'entendrai pas la face de ma Thisbé !

Thisbé !

THISBÉ

Mon amour ! c'est toi, je crois, mon amour ?

PYRAME

Crois ce que tu voudras ; je suis sa grâce ton amoureux :

Toujours fidèle comme Liandre.

THISBÉ

Et moi comme Hélène, jusqu'à ce que le destin me tue !

PYRAME

Shaphale ne fut pas si fidèle à Procrus !

THISBÉ

Autant Shaphale le fut à Procrus, autant je te le suis.

PYRAME, *collant ses lèvres aux doigts du mur*

Oh ! baise-moi à travers le trou de ce vil Mur !

THISBÉ, *collant ses lèvres de l'autre côté*

C'est le trou du Mur que je baise, et non vos lèvres.

PYRAME

Veux-tu me rejoindre immédiatement à la tombe de Nigaud ?

THISBÉ

Morte ou vive, j'y vais sans délai.

LE MUR, *baissant le bras*

Ainsi, j'ai rempli mon rôle, moi, le Mur :

Et, cela fait, le Mur s'en va.

Sortent Le Mur, Pyrame et Thisbé.

[...]

PYRAME

Ô nature ! pourquoi créas-tu des lions ?

Puisqu'un lion infâme a défloré ici ma bien-aimée,

Laquelle est, non, non ! laquelle était la plus belle dame

Qui ait vécu, aimé d'amour et d'amitié, et porté visage.

Venez, larmes, consumez-moi !
Dehors épée, et blesse
Le téton de Pyrame :
Oui, ce téton gauche,
Où le cœur gambade.
Ainsi je meurs, ainsi, ainsi, ainsi !
Maintenant me voilà mort,
Maintenant me voilà parti.
Mon âme est dans le ciel,
Langue, perds ta lumière !
Lune, prends la fuite !
Et maintenant vous voyez un décédé!

Pyrame tombe en mourant. Le Clair de Lune sort.

DÉMÉTRIUS

Je vois le décès, mais je ne vois pas le dé. En tout cas, c'est un as qui retourne, car il est tout seul.

LYSANDRE

Alors, c'est un as à sein ; car il se l'est percé.

THÉSÉE

Un chirurgien qui le guérirait n'en ferait pas un as saillant.

HIPPOLYTE

Comment se fait-il que la lune soit partie avant

que Thisbé soit venue et ait retrouvé son amant ?

THÉSÉE

Elle le retrouvera à la clarté des étoiles. La voici ; et sa douleur va terminer la pièce.

Entre Thisbé.

HIPPOLYTE

À mon avis, elle ne doit pas avoir une longue douleur pour un pareil Pyrame. J'espère qu'elle sera brève.

DÉMÉTRIUS

Qui vaut le mieux de Pyrame ou de Thisbé ? Un fétu ferait pencher la balance.

LYSANDRE

Elle l'a déjà aperçu avec ces beaux yeux-là.

DÉMÉTRIUS

Et voici qu'elle va gémir ; écoutez !

THISBÉ, *se penchant sur* PYRAME

Endormi, mon amour ?
Quoi, mort, mon tourtereau ?
Ô Pyrame, lève-toi !
Parle, parle. Tout à fait muet ?
Mort ! mort ! Une tombe

Devra recouvrir tes yeux charmants.
Ces lèvres de lis,
Ce nez cerise,
Ces joues jaunes comme la primevère,
Tout cela n'est plus, n'est plus !
Amants, gémissez !
Ses yeux étaient verts comme des poireaux!
Ô vous, les trois sœurs,
Venez, venez à moi,
Avec vos mains pâles comme le lait.
Trempez-les dans le sang,
Puisque vous avez tondu
De vos ciseaux son fil de soie.
Plus un mot, ma langue !
Viens, fidèle épée ;
Viens, lame, plonge-toi dans mon sein ;
Et adieu, amis.
Ainsi Thisbé finit.
Adieu, adieu, adieu !

Elle se frappe et meurt.

THÉSÉE

Le Clair de Lune et le Lion sont restés pour enterrer les morts.

DÉMÉTRIUS

Oui, et le Mur aussi.

BOTTOM, *se relevant*

Non, je vous assure ; le Mur qui séparait leur père est à bas. Voulez-vous voir l'épilogue, ou aimez-vous mieux entendre une danse bergamasque, dansée par deux comédiens de notre troupe ?

THÉSÉE

Pas d'épilogue, je vous prie ; car votre pièce n'a pas besoin d'apologie. Vous n'avez rien à excuser ; car, quand tous les acteurs sont morts, il n'y a personne à blâmer. Morbleu, si celui qui a écrit cette pièce avait joué Pyrame et s'était pendu à la jarretière de Thisbé, cela aurait fait une belle tragédie ; telle qu'elle est, c'en est une fort belle, et jouée très remarquablement. Mais, voyons votre bergamasque, et laissez là votre épilogue.

Ici une danse de clowns.

— La langue de fer de minuit a compté douze. — Amants, au lit ! voici presque l'heure des fées. — Je crains bien que, la matinée prochaine, notre sommeil ne se prolonge — autant que, cette nuit, se sont prolongées nos veilles. — Cette grosse farce nous a bien trompés — sur la marche lente de la nuit. Doux amis, au lit ! — Célébrons pendant quinze jours cette solennité — au milieu des fêtes nocturnes et de plaisirs toujours nouveaux.

Tous sortent.

LA TEMPÊTE

La Tempête, dans *Œuvres complètes. Féeries*, tome 2, traduction François-Victor Hugo, Pagnerre, 1865

SCÈNE IV

Une autre partie de l'île.
Bruit de tonnerre.
Entre CALIBAN *avec une charge de bois.*

CALIBAN

— Que tous les miasmes que le soleil aspire — des fondrières, des marais, des bas-fonds, tombent sur Prospero et fassent de lui — une plaie épaisse d'un pouce !... Ses esprits m'écoutent, — et pourtant il faut que je le maudisse. Eux ne voudraient pas me pincer, — m'effrayer de leurs mines de hérissons, me plonger dans la mare, — ni m'égarer par des feux follets dans les ténèbres, — sans que Prospero le leur ordonnât ; mais, — pour la moindre vétille, il les lance sur moi, — tantôt sous forme de singes qui me font la grimace en grinçant — et me mordent ensuite, tantôt sous forme de porcs-épics — se roulant sur la route où je vais pieds nus, et dressant — leurs pointes sous mes pas. D'autres fois, je suis — tout étreint par des serpents qui, avec leurs langues fourchues, — me

sifflent à me rendre fou... Tenez ! justement ! Là !
Entre Trinculo.

— Voici un de ses esprits ! Il vient me tourmenter — pour avoir apporté mon bois si lentement. Jetons-nous à plat ventre ; — peut-être ne me remarquera-t-il pas.

TRINCULO

Il n'y a ici ni buisson ni arbrisseau pour se mettre à l'abri. Et voici un nouvel orage qui se brasse là-haut ; je l'entends chanter dans le vent. Ce nuage noir, ce gros là-bas, ressemble à une sale barrique qui va répandre sa liqueur. S'il tonnait encore comme tantôt, je ne sais pas où je cacherais ma tête : ce nuage ne peut manquer de tomber à plein seau.
Il heurte Caliban.

Qu'avons-nous là ? Un homme ou un poisson ? mort ou vif ?... C'est un poisson : il sent le poisson ; une odeur rance de vieux poisson. C'est une espèce de cabillaud qui n'est pas des plus frais. Un étrange poisson ! Si je retournais en Angleterre (j'y suis allé une fois) et que j'eusse ce poisson, ne fût-ce qu'en peinture, il n'y aurait pas de badaud de la foire qui ne me donnât sa pièce d'argent. Dans ce pays-là, ce monstre ferait un homme riche. Toute bête étrange y fait un homme riche. Ces gens-là ne donneraient pas un denier pour secourir un mendiant boiteux, et ils en donneraient dix pour voir un Indien mort... Il a des jambes comme un homme ! Et il a des nageoires comme des bras !… Chaud, ma parole !… Je renonce maintenant à mon opinion, je la lâche. Ce n'est pas un poisson, mais un insulaire que tantôt le tonnerre aura frappé.

Il tonne.

Hélas ! Voilà l'orage qui revient. Ce que j'ai de mieux à faire est de me fourrer sous sa souquenille : il n'y a pas d'autre abri aux alentours.

Il se fourre sous la casaque de Caliban.

[…]

SCÈNE IX

Devant la grotte de Prospero.
Entrent PROSPERO, *couvert de sa robe magique, et* ARIEL.

[…]

PROSPERO

— Vous, sylphes des collines, des ruisseaux, des étangs et des halliers, — et vous qui, d'un pas sans empreinte, allez sur les plages — chassant Neptune, quand il se retire, et le fuyant, — quand il revient ; vous, petits lutins, qui, — au clair de lune, faites dans la verdure ces cercles âcres — où la brebis ne mord pas, vous dont le passe-temps — est de produire les champignons de minuit, et qui vous réjouissez — d'entendre le solennel couvre-feu ; vous à l'aide de qui, — tout faibles maîtres que vous êtes, j'ai obscurci — le soleil en plein midi, évoqué les vents mutins, — soulevé entre la verte mer et la voûte azurée — une guerre rugissante, mis le feu — au redoutable tonnerre qui gronde, et brisé le grand chêne de Jupiter — avec sa propre foudre : vous à l'aide de qui j'ai ébranlé — les promontoires aux fortes bases, arraché par les racines — le pin et le cèdre, et impérieusement obligé les tombeaux — à réveiller leurs dormeurs, à s'ouvrir et à les laisser aller, — de par mon art tout-puissant ; soyez témoins ! cette orageuse magie, — je l'abjure ici ! Je ne réclame plus de vous, — et c'est mon dernier ordre, qu'une musique céleste, — qui agisse à mon gré sur les sens de ceux — que je soumets à son charme aérien. Et puis je briserai ma baguette, — je l'ensevelirai à plusieurs brassées dans la terre, — et, à une profondeur que la sonde n'a jamais atteinte, — je noierai mon livre.

Musique solennelle.

Rentre Ariel. Derrière lui, marche Alonso, faisant des gestes frénétiques et accompagné de Gonzalo, puis viennent, dans le même état, Sébastien et Antonio, accompagnés par Adrien et Francisco. Ils entrent tous successivement dans un cercle qu'a tracé Prospero et s'y arrêtent sous le charme. À mesure qu'ils se présentent, Prospero adresse la parole à chacun d'eux.

PROSPERO, *à* ALONSO

— Qu'un air solennel, le meilleur cordial — pour

une imagination troublée, guérisse ton cerveau — qui, maintenant inutile, bouillonne sous ton crâne. Reste là, — un charme te retient. — Honorable Gonzalo, saint homme, — mes yeux, s'associant à l'expression des tiens, — laissent tomber des larmes amies… Le charme se dissout rapidement. — De même que le matin, empiétant sur la nuit, — en dissout les ténèbres, ainsi la raison qui s'élève — commence à chasser les fumées ignorantes qui couvrent — les clartés de leur jugement. Ô mon bon Gonzalo, — mon vrai sauveur, loyal supérieur — de celui que tu sers, je veux payer — tes bienfaits de retour, en parole et en action. Tu as été — bien cruel pour moi et pour ma fille, Alonso. — Ton frère a été ton complice dans l'acte : — te voilà puni pour cela, Sébastien.

À Antonio.

Vous, ma chair et mon sang ! — vous, mon frère, qui avez choyé l'ambition, — en repoussant le remords et la nature ; vous qui, d'accord avec Sébastien, — que torturent en conséquence les morsures intérieures, — avez voulu tuer votre roi… je te pardonne, si dénaturé que tu sois !… Leur intelligence — commence à se soulever, et la marée montante — va bientôt couvrir les bords de leur raison, — encombrés encore d'une fange hideuse. Jusqu'ici pas un — qui m'ait regardé ou reconnu. Ariel, — va me chercher mon chapeau et ma rapière dans ma grotte.

Ariel sort.

— Je vais quitter ce costume et me présenter — tel qu'était jadis le duc de Milan.

Appelant Ariel.

Vite, esprit ! — avant peu, tu seras libre.

Ariel revient et aide Prospero à s'habiller.

ARIEL, *chantant*

Où suce l'abeille, je suce, moi !
J'ai pour lit la clochette d'une primevère :
Je m'y couche quand les hiboux crient.
Je m'envole sur le dos d'une chauve-souris,
À la suite de l'été, gaiement.
Gaiement, gaiement, je veux vivre désormais
Sous la fleur qui pend à la branche.

PROSPERO

— Va, tu es mon charmant Ariel ! Tu me manqueras bien, — et pourtant tu auras ta liberté : oui ! oui ! oui ! — Va au vaisseau du roi, invisible comme tu l'es : — tu y trouveras les matelots endormis — sous les écoutilles. Réveille le patron — et le bosseman, et entraîne-les ici, — sur-le-champ, je t'en prie.

ARIEL

— Je bois l'air devant moi et je reviens — avant que ton pouls ait battu deux fois.

Sort Ariel.

[...]

MACBETH

Macbeth, dans *Œuvres complètes. Les Tyrans*, tome 3, traduction François-Victor Hugo, Pagnerre, 1866

SCÈNE VIII

Cour dans l'intérieur du château.

[…]

MACBETH, *seul*

— Est-ce un poignard que je vois là devant moi, — la poignée vers ma main ? Viens, que je te saisisse ! — Je ne te tiens pas, et pourtant je te vois toujours. — N'es-tu pas, vision fatale, sensible — au toucher, comme à la vue ? ou n'es-tu — qu'un poignard imaginaire, fausse création — émanée d'un cerveau en feu ? — Je te vois pourtant, aussi palpable en apparence — que celui que je tire en ce moment. — Tu m'indiques le chemin que j'allais prendre, — et tu es bien l'instrument que j'allais employer. — Ou mes yeux sont les jouets de mes autres sens, — ou seuls ils les valent tous. Je te vois toujours, — et, sur ta lame et sur ton manche, des gouttes de sang — qui n'y étaient pas tout à l'heure… Mais non, rien de pareil ! — C'est cette sanglante affaire qui prend forme — ainsi à ma vue… Maintenant, sur la moitié de ce monde, —

la nature semble morte, et les mauvais rêves abusent — le sommeil sous ses rideaux ; maintenant la sorcellerie offre — ses sacrifices à la pâle Hécate ; et le meurtre hâve, — éveillé en sursaut par le loup, sa sentinelle, — dont le hurlement est son cri d'alerte, s'avance ainsi d'un pas furtif, — avec les allures du ravisseur Tarquin, et marche — à son projet, comme un spectre… Toi, terre solide et ferme, — n'entends point mes pas, quelque chemin qu'ils prennent, de peur que — tes pierres mêmes ne jasent de mon approche, — et ne retirent à ce moment la muette horreur — qui lui va si bien !… Tandis que je menace, l'autre vit. — Les mots jettent un souffle trop froid sur le feu de l'action.
La cloche sonne.

— J'y vais, et c'est fait ; la cloche m'invite. — Ne l'entends pas, Duncan, car c'est le glas — qui t'appelle au ciel ou en enfer.

[…]

SCÈNE IX

Aux abords du château.
Entre ROSSE *et un vieillard.*

LE VIEILLARD

— J'ai la mémoire nette de soixante-dix années ; — dans l'espace de ce temps, j'ai vu — des heures terribles et des choses étranges ; mais cette nuit sinistre — rend puéril tout ce que j'ai vu.

ROSSE

Ah ! bon père, — tu vois, les cieux, troublés par l'acte de l'homme, — en menacent le sanglant théâtre. D'après l'horloge, il est jour, — et pourtant une nuit noire étouffe le flambeau voyageur. — Est-ce le triomphe de la nuit ou la honte du jour — qui fait que les ténèbres ensevelissent la terre, — quand la lumière vivante devrait la baiser au front ?

LE VIEILLARD

Cela est contre nature, — comme l'action qui a été commise. Mardi dernier, — un faucon, planant dans toute la fierté de son essor, — a été saisi au vol et tué par un hibou chasseur de souris.

ROSSE

— Et, chose étrange et certaine, les chevaux de Duncan, — si beaux, si agiles, ces mignons de leur race, — sont redevenus sauvages, ont brisé leurs stalles et se sont échappés, — résistant à toute obéissance comme s'ils allaient — faire la guerre à l'homme.

LE VIEILLARD

On dit qu'ils se sont mangés.

[…]

SCÈNE XI

Une autre salle du palais.

[…]

MACBETH

— Oh ! pleine de scorpions est mon âme, chère femme ! — Tu sais que Banquo et son Fléance vivent.

LADY MACBETH

— Mais l'image de l'humanité n'est pas éternelle en eux.

MACBETH

— Oui, il y a là une consolation : ils sont attaquables. — Sois donc joyeuse. Avant que la chauve-souris ait fait à tire d'ailes — son tour de cloître, avant qu'à l'appel de la noire Hécate, — l'escarbot aux ailes d'écaillé ait de ses bourdonnements sourds — sonné le carillon somnolent du soir, il sera fait — une action d'un formidable éclat.

LADY MACBETH

Quelle action ?

MACBETH

— Ah ! chère poule, sois innocente de la

confidence — jusqu'à ce que tu applaudisses à l'exécution… Viens, noir fauconnier de la nuit, — bande les yeux sensibles du jour compatissant, — et, de ta main sanglante et invisible, — arrache et mets en pièces le fil de cette grande existence — qui me fait pâlir !… La lumière s'obscurcit, et le corbeau — vole vers son bois favori ; — les bonnes créatures du jour commencent à s'assoupir et à dormir, — tandis que les noirs agents de la nuit se dressent vers leur proie. — Tu t'étonnes de mes paroles ; mais sois tranquille : — les choses que le mal a commencées se consolident par le mal. — Sur ce, viens avec moi, je t'en prie.

Ils sortent.

SCÈNE XVI

Une caverne obscure. Au milieu un chaudron bouillant. Tonnerre. Entrent les TROIS SORCIÈRES.

PREMIÈRE SORCIÈRE

Trois fois le chat tacheté a miaulé.

DEUXIÈME SORCIÈRE

Trois fois ; et une fois le hérisson a grogné.

TROISIÈME SORCIÈRE

La harpie crie : il est temps ! il est temps !

PREMIÈRE SORCIÈRE

Tournons en rond autour du chaudron,
Et jetons-y les entrailles empoisonnées.
Crapaud qui, sous la froide pierre,
Endormi trente-un jours et trente-une nuits,
As mitonné dans ton venin,
Bous le premier dans le pot enchanté.

TOUTES TROIS

Double, double, peine et trouble !
Feu, brûle, et, chaudron, bouillonne !

DEUXIÈME SORCIÈRE

Filet de couleuvre de marais,
Dans le chaudron bous et cuis.
Œil de salamandre, orteil de grenouille,
Poil de chauve-souris et langue de chien,
Langue fourchue de vipère, dard de reptile aveugle,
Patte de lézard, aile de hibou,
Pour faire un charme puissant en trouble,
Bouillez et écumez comme une soupe d'enfer.

TOUTES TROIS

Double, double, peine et trouble !
Feu, brûle, et, chaudron, bouillonne !

TROISIÈME SORCIÈRE

Écaille de dragon, dent de loup,

Momie de sorcière, estomac et gueule
De requin dévorant des mers,
Racine de ciguë arrachée dans l'ombre,
Foie de juif blasphémateur,
Fiel de bouc, branches d'if
Cassées dans une éclipse de lune,
Nez de Turc et lèvre de Tartare,
Doigt d'un marmot étranglé en naissant
Et mis bas par une drôlesse dans un fossé,
Faites une bouillie épaisse et visqueuse ;
Ajoutons les boyaux de tigre,
Comme ingrédient, dans notre chaudron.

TOUTES TROIS

Double, double, peine et trouble !
Feu, brûle, et, chaudron, bouillonne !

DEUXIÈME SORCIÈRE

Refroidissons le tout avec du sang de babouin,
Et le charme sera solide et bon.

Entrent Hécate et trois autres sorcières.

HÉCATE

— Oh ! c'est bien ! j'approuve votre besogne ; — et chacune aura part au profit. — Maintenant, tout autour du chaudron, — entonnez une ronde comme les elfes et les fées, — pour enchanter ce que vous y avez mis.

Chanson.

Noirs esprits, etc.

DEUXIÈME SORCIÈRE

— Au picotement de mes pouces, — je sens qu'un maudit vient par ici. — Ouvrez, serrures, à quiconque frappe !

On frappe. Entre Macbeth.

MACBETH

— Eh bien ! mystérieuses et noires larves de minuit, — que faites-vous ?

TOUTES TROIS

Une œuvre sans nom.

MACBETH

— Je vous en conjure, au nom de la chose que vous professez, — quels que soient vos moyens de savoir, répondez-moi ! — Dussiez-vous déchaîner les vents et les lancer — à l'assaut des églises, dussent les vagues écumantes — détruire et engloutir toutes les marines, — dussent les blés en épis être couchés, et les arbres abattus, — dussent les châteaux s'écrouler sur ceux qui les gardent, — dussent les palais et les pyramides renverser — leurs têtes sur leurs fondements, dussent du trésor — de la nature tomber pêle-mêle tous les germes, — jusqu'à ce que la destruction même soit écœurée, répondez — à ce que je vous demande.

PREMIÈRE SORCIÈRE

Parle.

DEUXIÈME SORCIÈRE

Questionne.

TROISIÈME SORCIÈRE

Nous répondrons.

PREMIÈRE SORCIÈRE

— Dis, aimes-tu mieux tout savoir de notre bouche — ou de celle de nos maîtres ?

MACBETH

Appelez-les ! faites-les-moi voir.

PREMIÈRE SORCIÈRE

— Versons le sang d'une truie qui a mangé — ses neuf pourceaux ; prenons de la graisse — qui a suinté du gibet d'un meurtrier, et jetons-la — dans la flamme.

TOUTES TROIS

Viens d'en bas ou d'en haut, — et montre-toi adroitement dans ton œuvre.

Tonnerre. Une tête armée d'un casque apparaît hors de terre.

MACBETH

— Dis-moi, puissance inconnue...

PREMIÈRE SORCIÈRE

Il connaît ta pensée ; — écoute ses paroles, mais ne dis rien.

LE FANTÔME

— Macbeth ! Macbeth ! Macbeth ! défie-toi de Macduff ! — défie-toi du thane de Fife !... Renvoyez-moi. C'est assez.
Le fantôme redescend.

MACBETH

— Qui que tu sois, merci de ton bon avis. — Tu as fait vibrer la corde de mon inquiétude. Mais un mot encore.

PREMIÈRE SORCIÈRE

— Il ne se laisse pas commander... En voici un autre — plus puissant que le premier.

Tonnerre. Le fantôme d'un enfant ensanglanté sort de terre.

LE FANTÔME

Macbeth ! Macbeth ! Macbeth !

MACBETH

— Je t'écouterais de trois oreilles, si je les avais.

LE FANTÔME

— Sois sanguinaire, hardi — et résolu : ris-toi — du pouvoir de l'homme, car nul être né d'une femme — ne pourra nuire à Macbeth.

Le fantôme redescend.

MACBETH

— Alors vis, Macduff. Qu'ai-je besoin de te craindre ? — Mais, n'importe ! Je veux avoir une garantie double — et engager le destin. Tu ne vivras pas ! — Ainsi, je pourrai dire à la peur au cœur blême qu'elle ment, — et dormir en dépit de la foudre.

Tonnerre. Le fantôme d'un enfant couronné s'élève, ayant un arbre dans la main.

Quel est celui — qui surgit, pareil au fils d'un roi — et qui porte sur son front enfantin le cercle — fermé de la souveraineté ?

LES TROIS SORCIÈRES

Écoute, mais ne lui parle pas.

LE FANTÔME

— Sois d'humeur léonine, sois fier ; et ne t'inquiète pas — de ceux qui ragent, s'agitent ou conspirent ; — jamais Macbeth ne sera vaincu, avant que — la grande forêt de Birnam marche contre lui — jusqu'à la haute colline de Dunsinane. *Le fantôme redescend.*

MACBETH

Cela ne sera jamais. — Qui peut faire la presse sur une forêt et sommer un arbre — de détacher sa racine fixée en terre ? Douces prédictions ! Ô bonheur ! — Révolte, ne lève pas la tête avant que la forêt de — Birnam se lève, et notre Macbeth vivra dans les grandeurs — tout le bail de la nature, pour ne rendre qu'à l'heure coutumière de la mort le dernier soupir... Cependant mon cœur — palpite pour savoir encore une chose : dites-moi, autant — que votre art peut le deviner, si la lignée de Banquo régnera — jamais dans ce royaume.

[...]

SCÈNE XXII

Les environs de Dunsinane. Une forêt à l'horizon. Entrent, sous des drapeaux, au son du tambour, MALCOLM, *le vieux* SIWARD *et son fils,* MACDUFF, MENTETH, CATHNESS, ANGUS, LENOX, ROSSE, *suivis de soldats en marche.*

MALCOLM

— Cousin, j'espère que le jour n'est pas loin — où nous serons en sûreté dans nos foyers.

MENTETH

Nous n'en doutons nullement.

SIWARD

— Quelle est cette forêt devant nous ?

MENTETH

La forêt de Birnam.

MALCOLM

— Que chaque soldat coupe une branche d'arbre — et la porte devant lui ; par là nous jetterons l'ombre — sur notre force, et nous mettrons en erreur — les éclaireurs ennemis.

LES SOLDATS

Nous allons le faire.

SIWARD

— Tout ce que nous apprenons, c'est que le tyran tient toujours — dans Dunsinane avec confiance, et attendra — que nous l'y assiégions.

MALCOLM

Là est sa suprême espérance ; — car, partout où

l'occasion s'en offre, — petits et grands lui font défection. — Il n'a plus à son service que des êtres contraints — dont le cœur même est ailleurs.

MACDUFF

Que nos justes censures — attendent l'événement infaillible ; jusque-là déployons — la plus savante bravoure.

SIWARD

Le temps approche — où une décision nécessaire nous fera connaître — notre avoir et notre déficit. — Les conjectures de la pensée reflètent ses espérances incertaines : — mais le dénouement infaillible, ce sont les coups qui doivent le déterminer. — À cette fin précipitons la guerre.
Ils se mettent en marche.

SCÈNE XXIII

Dunsinane. Intérieur du château.
Entrent, sous les drapeaux, au son du tambour, MACBETH, SEYTON *et des soldats.*

MACBETH

— Qu'on déploie nos bannières sur les murs extérieurs ; — le cri de garde est toujours : ils viennent ! Notre château est assez fort — pour narguer un siège : qu'ils restent étendus là — jusqu'à ce que la famine et la fièvre les dévorent ! — S'ils n'étaient pas renforcés par ceux qui devraient être des nôtres, — nous aurions pu hardiment aller à eux, barbe contre barbe, — et les faire battre en retraite jusque chez eux… Quel est ce bruit ?

SEYTON

— Ce sont des cris de femme, mon bon seigneur.

MACBETH

— J'ai presque perdu le goût de l'inquiétude. — Il fut un temps où mes sens se seraient glacés — au moindre cri nocturne, où mes cheveux, — à un récit lugubre, se seraient dressés et agités — comme s'ils étaient vivants. Je me suis gorgé d'horreurs. — L'épouvante, familière à mes meurtrières pensées, — ne peut plus me faire tressaillir. Pourquoi ces cris ?

SEYTON

— La reine est morte, monseigneur.

MACBETH

Elle aurait dû mourir plus tard ; — le moment serait toujours venu de dire ce mot-là !… — Demain, puis demain, puis demain — glisse à petits pas de jour en jour — jusqu'à la dernière syllabe du registre des temps : — et tous nos hiers n'ont fait qu'éclairer pour des fous — le chemin de la mort poudreuse. Éteins-toi, éteins-toi, court flambeau ! — La vie n'est qu'un fantôme errant, un pauvre comédien — qui se pavane et s'agite durant son heure sur la scène — et qu'ensuite on n'entend plus ; c'est une histoire — dite par un idiot, pleine de fracas et de furie, — et qui ne signifie rien...

Entre un messager.

— Tu viens pour user de ta langue ; ton conte, vite !

LE MESSAGER

Mon gracieux seigneur, — je voudrais vous rapporter ce que j'affirme avoir vu, — mais je ne sais comment faire.

MACBETH

Eh bien, parlez, monsieur !

LE MESSAGER

— Comme je montais ma garde sur la colline, — j'ai regardé du côté de Birnam, et tout à coup il m'a semblé — que la forêt se mettait en mouvement.

MACBETH, *le frappant*

Misérable menteur !

LE MESSAGER

— Que j'endure votre courroux, si cela n'est pas vrai ; — vous pouvez, à trois milles d'ici, la voir qui arrive ; — je le répète, c'est un bois mouvant.

MACBETH

Si ton rapport est faux, — je te ferai pendre vivant au premier arbre, — jusqu'à ce que la faim te racornisse ; s'il est sincère, — je me soucie peu que tu m'en fasses autant. — Je rétracte ma résolution, et je commence — à soupçonner l'équivoque du démon — qui ment en disant vrai. « Ne crains rien jusqu'à ce que la forêt — de Birnam marche sur Dunsinane ! » Et voici que la forêt — marche vers Dunsinane... Aux armes ! aux armes, et sortons ! — Si ce qu'il affirme est réel, — nul moyen de fuir d'ici, ni d'y demeurer. — Je commence à être las du soleil, et je voudrais — que l'empire du monde fût anéanti en ce moment. — Qu'on sonne la cloche d'alarme !... Vent, souffle ! viens, destruction ! — Nous mourrons du moins, le harnais sur le dos.
Ils sortent.

[...]

TROYLUS ET CRESSIDA

La Fameuse Histoire de Troylus et Cressida,
dans *Œuvres complètes. Les Jaloux*, tome 4,
traduction François-Victor Hugo, Pagnerre, 1868

SCÈNE III

*Le camp grec devant la tente d'*AGAMEMNON.

[…]

NESTOR

— Avec tout le respect dû à ton siège divin, — permets, grand Agamemnon, que Nestor développe — tes dernières paroles. C'est quand il est prouvé du sort — que l'homme est vraiment éprouvé. Tant que la mer est calme, — combien de chétifs bateaux osent naviguer — sur son sein patient et faire route — avec ceux du plus haut bord ? — Mais que le brutal Borée mette une fois en rage — la douce Thétis, et alors voyer — le vaisseau aux flancs robustes fendre les montagnes liquides, — et bondir entre les deux humides éléments, — comme le cheval de Persée ! Où est alors l'impudent bateau — dont les flancs faibles et mal charpentés, osaient naguère — rivaliser avec la vraie grandeur ! Ou il a fui dans le port, — ou Neptune n'en a fait qu'un toast. C'est ainsi — que la valeur d'apparat et la valeur réelle se distinguent — dans les orages de la fortune. Car, quand celle-ci brille de tous ses rayons, — le troupeau est plus tourmenté par le taon — que par le tigre ; mais si un ouragan soudain — fait fléchir les genoux des chênes noueux — et fuir sous l'ombre des mouches, alors l'être courageux, — comme inspiré par la tempête, sympathise avec elle, — et répond, par des accents d'une égale hauteur, — à la fortune furieuse.

[...]

LE CONTE D'HIVER

Le Conte d'hiver, dans *Œuvres complètes*.
Les Jaloux, tome 4, traduction François-Victor Hugo, Pagnerre, 1868

SCÈNE VIII

La Bohême. Un pays désert près de la mer.

[…]

ANTIGONE

[…]

Il dépose l'enfant à terre, puis met près d'elle un paquet et un sac plein d'or.

Fleur, puisses-tu prospérer ici ! — Repose là… Voici ton signe de reconnaissance… et puis ceci encore. — S'il plaît à la fortune, il y a là de quoi t'élever, jolie enfant, — et il t'en restera encore…

Tonnerre et éclairs.

La tempête commence… Pauvre petite, — qui, pour la faute de ta mère, es ainsi exposée — à l'abandon et à tous ses hasards !... Je ne puis pleurer, — mais mon cœur saigne. Combien je suis maudit, — d'être obligé par serment à ceci !... Adieu ! — Le jour s'obscurcit de plus en plus : tu vas être — un peu rudement bercée… Je n'ai jamais vu les cieux si sombres de jour…

On entend un rugissement.

Quel cri sauvage ! — Puissé-je heureusement retourner à bord !... Voilà la chasse sur mes talons : — je suis perdu. —

Il s'enfuit poursuivi par un ours.

[...]

LE CLOWN

Hillo ! lo !

LE BERGER

Quoi ! tu étais si prêt ? Si tu veux voir une chose dont tu parleras encore quand tu seras mort ou pourri, viens ici. Qu'éprouves-tu donc, mon brave ?

LE CLOWN

Oh ! j'ai vu deux spectacles si émouvants, sur terre et sur mer... Mais non, je ne dois pas appeler ça la mer, il n'y a plus que le ciel ; car entre le firmament et la mer vous ne pourriez pas passer une pointe d'aiguille.

LE BERGER

Allons, mon garçon, qu'est-ce que c'est ?

LE CLOWN

Je voudrais que vous eussiez seulement vu comme elle gronde, comme elle rage, comme elle bat le rivage ! Mais ce n'est pas là ce dont il s'agit !... Oh ! le cri lamentable de ces pauvres âmes ! Tantôt on les voyait, tantôt on ne les voyait plus ; dans un moment, le navire allait percer la lune de son grand mât ; et, dans l'autre, il était avalé par le remous et par l'écume, comme un bouchon que vous jetteriez dans une cuve... Passons maintenant au service de la terre : il fallait voir comme l'ours lui déchirait l'os de l'épaule ; comme il m'appelait au secours, et comme il criait qu'il se nommait Antigone, un grand seigneur !... Mais, pour en finir avec le navire, il fallait voir quel coup de dent la mer lui a donné ; et d'abord, comme les pauvres âmes rugissaient, et comme la mer se moquait d'eux ; et puis, comme le pauvre gentilhomme rugissait, et comme l'ours se moquait de lui, l'un et l'autre rugissant plus haut que la mer et l'orage !

[...]

SCÈNE XI

La Bohème. Intérieur d'une chaumière.

[...]

PERDITA, *à* POLIXÈNE

Monsieur, soyez le bienvenu. — C'est la volonté de mon père que je fasse — les honneurs de ce jour...

À Camillo.

Vous êtes le bienvenu, monsieur... — Donne-moi ces fleurs-là, Dorcas... Mes révérends sires, — voici pour vous du romarin et de la rue ; ces fleurs-là gardent — leur éclat et leur parfum tout l'hiver : — grâce et souvenir à vous deux ! — Soyez les bienvenus à notre fête.

POLIXÈNE

Bergère, — jolie bergère, vous faites bien d'offrir à nos âges — ces fleurs d'hiver.

PERDITA

Monsieur, l'année se faisant vieille, à cette époque où l'été n'est pas expiré encore et où n'est pas encore né — le tremblant de l'hiver, les plus jolies fleurs de la saison — sont les œillets et les giroflées panachées, — que plus d'un nomme les bâtardes de la nature : ces espèces — ne se trouvent pas dans notre rustique jardin, et je ne me soucie pas — d'en avoir des boutures.

POLIXÈNE

Et pourquoi donc, douce fille, — les dédaignez-vous ?

PERDITA

Parce que j'ai ouï dire — qu'il est un art qui, pour les varier, se joint — à la grande créatrice nature.

POLIXÈNE

Quand cela serait, — la nature n'est jamais perfectionnée que par les moyens — que crée la nature : en sorte que l'art — qui, dites-vous, ajoute à la nature, est un art — qui procède de la nature.

Ainsi vous voyez, suave fille, que nous marions — au tronc le plus sauvage une plus délicate greffe, — et que nous fécondons une écorce de la plus basse espèce — par un bourgeon de plus noble race. C'est bien un art — qui corrige, ou plutôt modifie la nature, — mais l'art lui-même est la nature.

PERDITA

C'est juste.

POLIXÈNE

— Enrichissez donc votre jardin de giroflées, — et ne les traitez pas de bâtardes.

PERDITA

Je ne veux pas mettre — le plantoir en terre pour en faire une seule bouture, — pas plus que je ne souhaiterais, si j'étais fardée, — que ce jeune homme m'admirât et fut pris par cela seul — du désir de me rendre mère... Voici des fleurs pour vous : — la chaude lavande, la menthe, la sarriette, la marjolaine ; — le souci qui se couche avec le soleil, — et avec lui se lève tout en pleurs : ce sont des fleurs — de la mi-été, et je crois qu'on les donne — aux hommes d'âge moyen... Vous êtes les très bienvenus.

CAMILLO

Si j'étais votre troupeau, je cesserais de paître,

— pour me repaître seulement de votre vue.

PERDITA

Hélas ! — vous seriez bientôt si maigre, que les rafales de janvier — vous perceraient de part en part...

À Florizel.

Ah ! mon plus bel ami, — que n'ai-je des fleurs printanières qui puissent — convenir à votre jeunesse !

Aux jeunes paysans.

Ainsi qu'à vous.

Aux paysannes.

Et à vous, — qui portez encore à vos branches pucelles — vos virginités en bourgeon !... O Proserpine, — que n'ai-je ici les fleurs que, dans ton effroi, tu laissas tomber — du char de Pluton, les asphodèles, — qui viennent avant que l'hirondelle se risque, et qui captivent — les vents de mars par leur beauté, les violettes, sombres, — mais dont le parfum est plus suave que les paupières de Junon — l'haleine de Cythérée, les pâles primevères qui — meurent stériles avant d'avoir connu — le brillant Phébus dans sa force, maladie — commune aux vierges, la primerole hardie et — la couronne impériale, les iris de toute espèce, — et entre autres la fleur de lis !... Oh ! il me faudrait celles-là — pour vous en faire des guirlandes, mon doux ami, — et pour vous en couvrir tout entier.

FLORIZEL

Quoi ! comme un corps au cercueil ?

PERDITA

— Comme un lit de fleurs propre au repos et aux jeux de l'amour, — mais non comme un corps à ensevelir, — si ce n'est vivant, et dans mes bras... Allons, prenez vos fleurs. — Il me semble que je figure ici, comme j'en ai tant vu figurer, — dans une pastorale de la Pentecôte : pour sûr, c'est la robe que je porte — qui agit sur mon humeur.

FLORIZEL

Ce que vous faites — est toujours mieux que ce que vous avez fait. Quand vous parlez, ma charmante, — je voudrais vous entendre sans cesse ; quand vous chantez, — c'est en chantant que je voudrais que, pour arranger vos affaires, — vous n'eussiez qu'à les chanter. Quand vous dansez, je vous voudrais — vague de la mer, afin que vous ne pussiez jamais faire — que cela, et que vous fussiez toujours en mouvement, en mouvement toujours, sans connaître — d'autre fonction. Votre façon d'agir, — si originale dans les moindres détails, — couronne si constamment ce que vous faites, — que toutes vos actions sont reines !

PERDITA

O Doriclès, — vos louanges sont trop fortes :

heureusement, votre jeunesse — et le sang pur qui la colore ingénument, — vous dénoncent comme un innocent berger ; — sans quoi, mon Doriclès, je pourrais craindre avec raison — que vous ne fussiez pas un amoureux sincère.

FLORIZEL

Vous n'avez pas plus — sujet de craindre cela que je n'ai dessein — de vous faire douter de moi… Mais venez ! notre danse, je vous prie ! — Votre main, ma Perdita : ainsi s'apparaillent les tourterelles, — qui veulent ne se séparer jamais.

PERDITA

J'en fais pour elles le serment.

Florizel et Perdita marchent, bras dessus, bras dessous, en causant.

[…]

OTHELLO

La Tragédie d'Othello, dans *Œuvres complètes. Les Jaloux* II, tome 5, traduction François-Victor Hugo, Pagnerre, 1868

SCÈNE III

Venise. La salle du conseil.

[…]

RODERIGO

Iago !

IAGO

Que dis-tu, noble cœur ?

RODERIGO

Que crois-tu que je vais faire ?

IAGO

Pardieu ! Te coucher et dormir.

RODERIGO

Je vais incontinent me noyer.

IAGO

Si tu le fais, je ne t'aimerai plus après. Niais que tu es !

RODERIGO

La niaiserie est de vivre quand la vie est un tourment. Nous avons pour prescription de mourir quand la mort est notre médecin.

IAGO

Oh ! le lâche !... Voilà quatre fois sept ans que je considère le monde ; et, depuis que je peux distinguer un bienfait d'une injure, je n'ai jamais trouvé un homme qui sût s'aimer. Avant de pouvoir dire que je vais me noyer pour l'amour de quelque guenon, je consens à être changé en babouin.

RODERIGO

Que faire ? J'avoue ma honte d'être ainsi épris ; mais il ne dépend pas de ma vertu d'y remédier.

IAGO

Ta vertu pour une figue ! Il dépend de nous-mêmes d'être d'une façon ou d'une autre. Notre corps est notre jardin, et notre volonté en est le jardinier. Voulons-nous y cultiver des orties ou y semer la laitue, y planter l'hysope et en sarcler le thym, le garnir d'une seule espèce d'herbe ou d'un choix varié, le stériliser par la paresse ou l'engraisser par l'industrie ? Eh bien ! Le pouvoir de tout modifier souverainement est dans notre volonté. Si la balance de la vie n'avait pas le plateau de la raison pour contrepoids à celui de la sensualité, notre tempérament et la bassesse de nos instincts nous conduiraient aux plus fâcheuses conséquences. Mais nous avons la raison pour refroidir nos passions furieuses, nos élans charnels, nos désirs effrénés. D'où je conclus que ce que vous appelez l'amour n'est qu'une végétation greffée ou parasite.

RODERIGO

Impossible !

[...]

SCÈNE XVI

Une chambre à coucher.
DESDÉMONA *est au lit, endormie.*
Près d'elle un flambeau allumé.
Entre OTHELLO.

OTHELLO

— C'est la cause, c'est la cause, à mon âme ! — Laissez-moi vous la cacher à vous, chastes étoiles ! — C'est la cause !... — Pourtant je ne veux pas faire couler son sang — ni faire de cicatrice à cette peau plus blanche que la neige — et aussi lisse que l'albâtre monumental.

Il dépose son épée.

— Pourtant il faut qu'elle meure ; autrement, elle en trahirait d'autres.

Montrant le flambeau.
Éteignons d'abord cette lumière, et puis...
Montrant Desdémona.
éteignons celle-ci. — Si je souffle sur toi, ministre de flamme, — je puis ressusciter ta clarté première, pour peu que je me ravise... Mais, la tienne une fois éteinte, — ô modèle achevé de l'exquise nature, — je ne sais pas où est le feu prométhéen — qui pourra la rallumer... Quand j'aurai cueilli cette rose, — je ne pourrai plus lui rendre sa sève vitale, — il faudra qu'elle se flétrisse ! Je veux la respirer sur la tige.
Il l'embrasse.

Ô haleine embaumée qui persuaderait presque — à la justice de briser son glaive... Encore un ! Encore un !
Il la couvre de baisers.

[...]

ROMÉO ET JULIETTE

Roméo et Juliette dans *Œuvres complètes. Les Amants tragiques*, tome 7, traduction François-Victor Hugo, Pagnerre, 1868

SCÈNE IV

Une place sur laquelle est située
la maison de CAPULET.

[…]

MERCUTIO

— Oh ! je vois bien, la reine Mab vous a fait visite. — Elle est la fée accoucheuse et elle arrive, — pas plus grande qu'une agate — à l'index d'un alderman, — traînée par un attelage de petits atomes — à travers les nez des hommes qui gisent endormis. — Les rayons des roues de son char sont faits de longues pattes de faucheux ; — la capote, d'ailes de sauterelles ; — les rênes, de la plus fine toile d'araignée ; — les harnais, d'humides rayons de lune. — Son fouet, fait d'un os de griffon, a pour corde un fil de la Vierge. — Son cocher est un petit cousin en livrée grise, — moins gros de moitié qu'une petite bête ronde — tirée avec une épingle du doigt paresseux d'une servante. Son chariot est une noisette vide, — taillée par le menuisier écureuil ou par le vieux ciron, — carrossier immémorial des fées. — C'est dans cet apparat qu'elle galope de nuit en nuit — à travers les cerveaux des amants qui alors rêvent d'amour, — sur les genoux des courtisans qui rêvent aussitôt de courtoisies, — sur les doigts des gens de loi qui aussitôt rêvent d'honoraires, — sur les lèvres des dames qui rêvent de baisers aussitôt ! — Ces lèvres, Mab les crible souvent d'ampoules, irritée — de ce que leur haleine est gâtée par quelque pommade. — Tantôt elle galope sur le nez d'un solliciteur, — et vite il rêve qu'il flaire une place ; — tantôt elle vient avec la queue d'un cochon de la dîme — chatouiller la narine d'un curé endormi, — et vite il rêve d'un autre bénéfice ; — tantôt elle passe sur le cou d'un soldat, — et alors il rêve de gorges ennemies coupées, — de brèches, d'embuscades, de lames espagnoles, — de rasades profondes de cinq brasses, et puis de tambours — battant à son oreille ; sur quoi il tressaille, s'éveille, — et, ainsi alarmé, jure une prière ou deux, — et se rendort. C'est cette même Mab — qui, la nuit, tresse la crinière des chevaux — et dans les poils emmêlés durcit ces nœuds magiques — qu'on ne peut débrouiller sans encourir malheur. — C'est la stryge qui, quand les filles sont couchées sur le dos, — les étreint et les habitue à porter leur charge pour en faire des femmes à solide carrure. — C'est elle…

ROMÉO

Paix, paix, Mercutio, paix. — Tu nous parles de riens !

MERCUTIO

En effet, je parle des rêves, — ces enfants d'un cerveau en délire, — que peut seule engendrer l'hallucination, — aussi insubstantielle que l'air, — et plus variable que le vent qui caresse — en ce moment le sein glacé du nord, — et qui tout à l'heure, s'échappant dans une bouffée de colère, — va se tourner vers le midi encore humide de rosée !

[...]

SCÈNE VIII

La cellule de frère Laurence.
Entre frère LAURENCE, *portant un panier.*

LAURENCE

L'aube aux yeux gris couvre de son sourire la nuit grimaçante, — et diapre de lignes lumineuses les nuées d'Orient ; — l'ombre couperosée, chancelant comme un ivrogne, — s'éloigne de la route du jour devant les roues du Titan radieux. — Avant que le soleil, de son regard de flamme, ait ranimé le jour et séché la moite rosée de la nuit, — il faut que je remplisse cette cage d'osier — de plantes pernicieuses et de fleurs au suc précieux. — La terre, qui est la mère des créatures, est aussi leur tombe ; — leur sépulcre est sa matrice même. — Les enfants de toute espèce, sortis de son flanc, — nous les trouvons suçant sa mamelle inépuisable ; — la plupart sont doués de nombreuses vertus ; — pas un qui n'ait son mérite, et pourtant tous différent ! — Oh ! combien efficace est la grâce qui réside — dans les herbes, dans les plantes, dans les pierres et dans leurs qualités intimes ; — il n'est rien sur la terre de si humble — qui ne rende à la terre un service spécial ; — il n'est rien non plus de si bon qui, détourné de son légitime usage, — ne devienne rebelle à son origine et ne tombe dans l'abus. — La vertu même devient vice, étant mal appliquée, — et le vice est parfois ennobli par l'action.

Entre Roméo.

LAURENCE, *prenant*
une fleur dans le panier

— Le calice enfant de cette faible fleur — recèle un poison et un cordial puissants : — respirez-la, elle stimule et l'odorat et toutes les facultés ; — goûtez-la, elle frappe de mort et le cœur et tous les sens. — Deux reines ennemies sont sans cesse en lutte — dans l'homme comme dans la plante, la grâce et la rude volonté ; — et là où la pire prédomine, — le ver de la mort a bien vite dévoré la créature.

[…]

COMME IL VOUS PLAIRA

Comme il vous plaira, dans *Œuvres complètes. Les Amis*, tome 8, traduction François-Victor Hugo, Pagnerre, 1872

SCÈNE XII

Dans la forêt. ORLANDO *entre et append un papier à un arbre.*

ORLANDO, *déclamant*

Fixez-vous là, mes vers, en témoignage de mon amour !

Et toi, reine de la nuit à la triple couronne, darde
Ton chaste regard, du haut de ta pâle sphère,
Sur le nom de la chasseresse qui règne sur ma vie.

O Rosalinde ! ces arbres sont mes registres,
Et dans leur écorce je graverai mes pensées,
Afin que tous les yeux ouverts dans cette forêt
Voient ta vertu partout attestée.

Cours, cours, Orlando, inscris sur chaque arbre
La belle, la chaste, l'ineffable !

Il sort.

[...]

Entre Rosalinde, lisant un papier.

ROSALINDE

De l'orient à l'Inde occidentale,
Nul joyau comme Rosalinde.
Sa gloire, montée sur le vent,
À travers l'univers emporte Rosalinde.
Les portraits les plus éclatants
Sont noirs auprès de Rosalinde.
Que toute beauté soit oubliée,
Hormis celle de Rosalinde !

PIERRE DE TOUCHE

Je vous rimerai comme ça huit années durant, les heures du dîner, du souper et du dormir exceptées ; c'est exactement le trot d'une marchande de beurre allant au marché.

ROSALINDE

Paix, fou !

PIERRE DE TOUCHE

Un léger essai :

Si un cerf veut une biche,
Qu'il aille trouver Rosalinde.
Si la chatte court après son mâle,
Ainsi certes fera Rosalinde.
Habit d'hiver doit être doublé,

Et de même la mince Rosalinde.
Pour moissonner, il faut gerber et lier,
Puis charrier avec Rosalinde.
La plus douce noix a la plus aigre écorce,
Cette noix, c'est Rosalinde.
Qui veut trouver la plus suave rose,
Trouve épine d'amour et Rosalinde !

C'est là le faux galop du vers : pourquoi vous empestez-vous de pareilles rimes ?

ROSALINDE

Silence, fou obtus : je les ai trouvées sur un arbre.

PIERRE DE TOUCHE

Ma foi, cet arbre-là donne de mauvais fruits.

ROSALINDE

Je veux le greffer sur vous, et puis l'enter sur un néflier. Alors vous ferez l'arbre le plus avancé de toute la contrée : vous donnerez des fruits pourris avant d'être à moitié mûrs, ce qui est la qualité même du néflier.

PIERRE DE TOUCHE

Vous avez parlé ; si c'est sensément ou non, que la forêt en décide.

Entre Célia, lisant un papier.

ROSALINDE
Silence ! Voici ma sœur qui vient en lisant ; rangeons-nous.

CÉLIA, *déclamant*
Pourquoi ce bois serait-il désert ?
Parce qu'il est inhabité ? Non !
J'attacherai à chaque arbre des langues
Qui proclameront des vérités solennelles :
Elles diront combien vite la vie de l'homme
Parcourt son errant pèlerinage ;
Que la somme de ses années
Tiendrait dans une main tendue ;
Que de fois ont été violés les serments
Échangés entre deux âmes amies.
Mais, sur les branches des plus belles
Et au bout de chaque phrase,
J'écrirai le nom de Rosalinde,
Pour faire savoir à tous ceux qui lisent
Que le ciel a voulu condenser en elle
La quintessence de toute grâce.
Ainsi le ciel chargea la nature
D'entasser dans un seul corps
Toutes les perfections éparses dans le monde.
Aussitôt la nature passa à son crible
La beauté d'Hélène, sans son cœur,
La majesté de Cléopâtre,
Le charme suprême d'Atalante,
L'austère chasteté de Lucrèce.

Ainsi de maintes qualités Rosalinde
Fut formée par le synode céleste :
Nombre de visages, de regards et de cœurs
Lui cédèrent leurs plus précieux attraits.
Le ciel a décidé qu'elle aurait tous les dons,
Et que je vivrais et mourrais son esclave.

ROSALINDE

O miséricordieux Jupiter ! De quelle fastidieuse homélie d'amour vous venez d'assommer vos paroissiens, sans crier : Patience, bonnes gens !

CÉLIA

Quoi ! vous étiez là, amis d'arrière-garde !

À Corin.

Berger, retire-toi un peu.

À Pierre de Touche.

Va avec lui, drôle.

PIERRE DE TOUCHE, *à* CORIN

Allons, berger, faisons une retraite honorable ; sinon avec armes et bagage, du moins avec la cape et l'épée.

Pierre de Touche et Corin sortent.

CÉLIA

As-tu entendu ces vers ?

ROSALINDE

Je les ai entendus, et de reste, car quelques-uns avaient plus de pieds que des vers n'en doivent porter.

CÉLIA

Peu importe, si les pieds pouvaient porter les vers.

ROSALINDE

Oui, mais les pieds eux-mêmes clochaient et ne pouvaient pas se supporter en dehors du vers, et c'est pourquoi ils faisaient clocher le vers.

CÉLIA

Mais as-tu pu remarquer sans surprise comme ton nom est exalté et gravé sur ces arbres ?

ROSALINDE

Sur neuf jours de surprise j'en avais déjà épuisé sept, quand vous êtes arrivée. Car voyez ce que j'ai trouvé sur un palmier. Je n'ai jamais été tant rimée, depuis le temps de Pythagore, époque où j'étais un rat irlandais, ce dont je me souviens à peine.

[…]

LE ROI LEAR

Le Roi Lear, dans *Œuvres complètes*.
La Famille, tome 9, traduction François-Victor Hugo, Pagnerre, 1872

SCÈNE X

Aux environs du château de Glocester. Tempête avec éclairs et tonnerre. KENT *et un chevalier se rencontrent.*

KENT

— Qui est là, par cet affreux temps ?

LE CHEVALIER

— Un homme dont l'âme est aussi tourmentée que le temps.

KENT

Je vous reconnais. Où est le roi ?

LE CHEVALIER

— En lutte avec les éléments courroucés ; — il somme le vent de lancer la terre dans l'Océan, — ou d'élever au-dessus du continent les vagues dentelées, — en sorte que tout change ou périsse. Il arrache ses cheveux blancs, — que les impétueuses rafales, avec une aveugle rage, — emportent dans leur furie et mettent à néant. — Dans son petit monde humain, il cherche à dépasser en violence — le vent et la pluie entrechoqués. — Dans cette nuit où l'ourse aux mamelles taries reste dans son antre, — où le lion et le loup, mordus par la faim, — tiennent leur fourrure à l'abri, il court la tête nue — et invoque la destruction.

KENT

Mais qui est avec lui ?

LE CHEVALIER

— Nul autre que le fou qui s'évertue à couvrir de railleries — les injures dont souffre son cœur.

[...]

SCÈNE XI

Une bruyère.
Il fait nuit. La tempête continue.
Entrent LEAR *et* LE FOU.

LEAR

— Vents, soufflez à crever vos joues ! faites rage ! soufflez ! — Cataractes et ouragans, dégorgez-vous — jusqu'à ce que vous ayez submergé nos clochers et noyé leurs coqs ! — Vous, éclairs sulfureux, actifs comme l'idée, avant-coureurs de la foudre qui fend les chênes, — venez roussir ma tête blanche ! Et toi, tonnerre exterminateur, — écrase le globe massif du monde, — brise les moules de la nature et détruis en un instant tous les germes — qui font l'ingrate humanité. —

LE FOU

Ô mon oncle, de l'eau bénite de cour dans une maison bien sèche vaudrait mieux que cette pluie en plein air. Rentre, bon oncle, et demande la charité à tes filles. Voilà une nuit qui n'épargne ni sages ni fous. *Coups de foudre.*

LEAR, *levant les yeux au ciel*

— Gronde de toutes tes entrailles !... Crache, flamme ; jaillis, pluie ! — Pluie, vent, foudre, flamme, vous n'êtes point mes filles : — ô vous, éléments, je ne vous taxe pas d'ingratitude ! — jamais je ne vous ai donné de royaume, je ne vous ai appelés mes enfants ! — vous ne me devez pas obéissance ! laissez donc tomber sur moi — l'horreur à plaisir : me voici pour souffre-douleur, — pauvre vieillard infirme, débile et méprisé... Mais non... je vous déclare serviles ministres, — vous qui, ligués avec deux filles perfides, — lancez les légions d'en haut contre une tête — si vieille et si blanche ! Oh ! oh ! c'est affreux.

LE FOU

Quiconque a une maison où fourrer sa tête a un bon couvre-chef.

Il chante.

Celui qui met sa braguette en lieu sûr
Avant d'y mettre sa tête,
Attrapera vite les poux
Qu'épouse le mendiant.
L'homme qui fait pour son orteil
Ce qu'il devrait faire pour son cœur
Se plaindra vite d'un cor
Et changera son sommeil en veille.

Car il n'y a jamais eu de jolie femme qui n'ait fait des mines devant un miroir.

Entre Kent.

LEAR

Non, je veux être le modèle de toute patience, je ne veux plus rien dire.

KENT

Qui est là ?

LE FOU

Morbleu ! une majesté et une braguette, c'est-à-dire un sage et un fou.

KENT

Hélas ! sire, vous ici ! Les êtres qui aiment la nuit — n'aiment pas de pareilles nuits. Les cieux en fureur — éprouvent jusqu'aux rôdeurs des ténèbres — et les enferment dans leur antre. Depuis que je suis homme, — je ne me rappelle pas avoir vu de tels jets de flamme, entendu d'aussi effrayantes explosions de tonnerre, — de tels gémissements de vent et de pluie. — La nature de l'homme ne saurait supporter pareil déchaînement ni pareille horreur.

LEAR

Que les dieux grands — qui suspendent au-dessus de nos têtes ce terrible fracas — distinguent maintenant leurs ennemis. Tremble, misérable — qui recèles en toi des crimes non divulgués, — non flagellés par la justice ! Cache-toi, main sanglante, — et toi, parjure, et toi, incestueux, — qui simules la vertu ! Tremble à te briser, infâme, — qui, sous le couvert d'une savante hypocrisie, — attentas à la vie de l'homme ! Forfaits mis au secret, — forcez vos mystérieuses geôles et demandez grâce à ces terribles recors !... Moi, je suis — plus victime que coupable.

[...]

SCÈNE XXII

La campagne aux environs de Douvres.
Entre GLOCESTER, *conduit par* EDGAR *vêtu en paysan.*

GLOCESTER

— Quand arriverons-nous au sommet de cette côte ?

EDGAR

— Vous la gravissez à présent : voyez comme nous nous évertuons.

GLOCESTER

— Il me semble que le terrain est plat.

EDGAR

Horriblement escarpé. Écoutez ! — entendez-vous la mer ?

GLOCESTER

Non, vraiment.

EDGAR

— Eh ! il faut que vos autres sens soient affaiblis — par la douleur de vos yeux.

GLOCESTER

C'est possible, en effet. — Il me semble que ta voix est changée et que tu parles — en meilleurs termes et plus sensément que tu ne faisais.

EDGAR

— Vous vous trompez grandement : il n'y a de changé en moi — que le costume.

GLOCESTER

Il me semble que vous vous exprimez mieux.

EDGAR

— Avancez, monsieur ; voici l'endroit… Halte-là ! Que c'est effrayant et vertigineux de plonger si bas ses regards ! — Les corbeaux et les corneilles qui fendent l'air au-dessous de nous — ont tout au plus l'ampleur des escargots. À mi-côte — pend un homme qui cueille du percepierre : terrible métier ! — Ma foi ! il ne semble pas plus gros que sa tête. — Les pêcheurs qui marchent sur la plage — apparaissent comme des souris ; et là-bas, ce grand navire à l'ancre — fait l'effet de sa chaloupe ; sa chaloupe, d'une bouée — à peine distincte pour la vue. Le murmure de la vague — qui fait rage sur les galets innombrables et inertes — ne peut s'entendre de si haut… Je ne veux plus regarder ; — la cervelle me tournerait, et le trouble de ma vue — m'entraînerait tête baissée dans l'abîme.

GLOCESTER

Placez-moi où vous êtes.

EDGAR

— Donnez-moi votre main... Vous êtes maintenant à un pied — de l'extrême bord. Pour tout ce qu'il y a sous la lune, — je ne voudrais pas faire un bond.

GLOCESTER

Lâche ma main. — Voici une autre bourse, ami ; il y a dedans un joyau — qui n'est pas à dédaigner pour un pauvre homme. Que les fées et les dieux — te rendent ce don prospère ! Éloigne-toi ; — dis-moi adieu, et que je t'entende partir !

EDGAR

— Adieu donc, mon bon monsieur !

Il fait mine de s'éloigner.

GLOCESTER

Merci de tout cœur !

EDGAR, à part

— Si je joue ainsi avec son désespoir, — c'est pour le guérir.

GLOCESTER

Ô dieux puissants ! — je renonce à ce monde ; et, en

votre présence, — je me soustrais sans colère à mon accablante affliction ; — si je pouvais la supporter plus longtemps sans me mettre — en révolte contre vos volontés inéluctables, — je laisserais le lumignon misérable de mes derniers moments s'éteindre de lui-même... Si Edgar vit encore, oh ! bénissez-le !... — À présent, camarade, adieu !

EDGAR

Me voilà parti, monsieur ; adieu !

Glocester s'élance et tombe à terre de toute sa hauteur.

— Pourtant je ne sais si l'imagination ne serait pas de force à dérober — le trésor de la vie, quand la vie elle-même — se prête à ce vol. S'il avait été où il pensait, — déjà c'en serait fait pour lui de toute pensée.

Il s'approche de Glocester.

Mort, ou vivant ? — Holà, monsieur ! ami !... Entendez-vous, monsieur ?... Parlez !...— Il a bien pu se tuer ainsi, vraiment !... Mais non, il se ranime. — Qui êtes-vous, monsieur ?

GLOCESTER

Arrière ! laissez-moi mourir.

EDGAR

— À moins d'être un fil de la Vierge, une plume ou un souffle, — tu n'aurais pas pu être précipité de si haut — sans te briser comme un œuf. Mais tu respires, — tu es un corps pesant, tu ne saignes pas, tu parles, tu es sain et sauf ! — Dix mâts, les uns au bout des autres, ne mesureraient pas la hauteur — dont tu viens de tomber perpendiculairement. — Ta vie est un miracle. Parle encore.

GLOCESTER

Mais suis-je tombé, ou non ?

EDGAR

— De l'effrayant sommet de cette falaise crayeuse. — Regarde là-haut : de cette distance l'alouette stridente — ne pourrait être vue ni entendue : regarde.

GLOCESTER

Hélas ! je n'ai plus d'yeux. — La misère n'a donc pas la ressource — de se détruire par la mort ? C'est pourtant une consolation — pour le malheur de pouvoir tromper la rage du tyran et frustrer son orgueilleux arrêt.

EDGAR, *l'aidant à se relever*

Donnez-moi votre bras. — Debout !... C'est cela ! Comment êtes-vous ? Sentez-vous vos jambes ?... Vous vous soutenez !

GLOCESTER

— Trop bien, trop bien.

EDGAR

Ceci dépasse toute étrangeté. — Quel était cet être qui, sur la crête de la montagne, — s'est éloigné de vous ?

GLOCESTER

Un pauvre infortuné mendiant.

EDGAR

— D'ici-bas il m'a semblé que ses yeux — étaient deux pleines lunes ; il avait mille nez, — des cornes hérissées et ondulant comme la mer houleuse. C'était quelque démon. Ainsi, mon heureux père, — sois persuadé que les dieux tutélaires, qui tirent leur gloire — des impossibilités humaines, ont préservé tes jours.

[...]

WILLIAM SHAKESPEARE (1564-1616)

William Shakespeare naît dans le Warwickshire, à Stratford-on-Avon, dans une famille aisée. Son père est d'abord paysan, puis gantier avant d'épouser une femme de la bourgeoisie qui possède des biens. Shakespeare se marie à 18 ans, il aura trois enfants. En 1585, il quitte Stratford et sa famille. On perd ensuite sa trace, pour le retrouver à Londres, en 1592. Le pays traverse alors une période politique agitée, sous le règne d'Élisabeth 1re. Shakespeare est d'abord acteur de théâtre puis poète et dramaturge, à la tête d'une compagnie réputée à Londres. Il continuera à jouer des rôles dans certaines de ses pièces. Sous l'ère élisabéthaine, le théâtre est profane et son public à la fois lettré et populaire. L'écriture de Shakespeare est poétique et symbolique, riche de questionnements sur la vie, la mort, le destin, et réserve une place importante à la nature : plantes, fleurs, forêts, collines, mer... En 1597, Shakespeare achète une maison à Stratford-on-Avon, appelée New Place, dans laquelle il installe sa famille. Il poursuit sa carrière théâtrale et reviendra s'installer définitivement dans son village natal en 1612, pour y mourir quatre ans plus tard. Shakespeare a écrit une quarantaine de pièces de théâtre, comédies, tragédies, drames historiques.

ESPRITS DE NATURE

Cette collection propose de découvrir ou de redécouvrir des textes de grands auteurs de la littérature mondiale, par une porte dérobée mais pourtant essentielle, celle de la nature.

Chaque recueil offre une sélection d'extraits « oubliés » à l'intérieur de romans, de nouvelles, de récits de voyages, de journaux intimes ou d'autres ouvrages, pour donner à lire des pages belles, drôles ou surprenantes, qui font rêver ou réfléchir.

DÉJÀ PARUS

HENRI BERNARDIN DE SAINT-PIERRE
Du jardin d'Éden à l'intuition de la biosphère

VICTOR HUGO
La nature hallucinée

PIERRE LOTI
Les immensités de la nature, le soleil et la mort

OCTAVE MIRBEAU
Beauté des fleurs, pourriture et loi du meurtre

EDGAR ALLAN POE
De contes macabres en merveilleuse nature

GEORGE SAND
Écrire la terre, les jardins, les oiseaux

YVAN TOURGUENIEV
Nature éternelle, humanité éphémère

JULES VERNE
L'homme et la nature, entre promesses et menaces

plume de carotte

Éditions Plume de carotte
28, impasse des Bons-Amis, 31200 Toulouse
E-mail : contact@plumedecarotte.com
Site : www.plumedecarotte.com

Directrice de collection : Élisabeth Combres
Suivi éditorial : Audrey Calvo-Guiochet (Plume de carotte)
accompagnée d'Émilie Rousseau
Illustration de couverture : Titwane
Création graphique : Guy de Guglielmi
Mise en page : Catherine Racine (Plume de carotte)
accompagnée de Marine Boucher
Correction : Isabelle Delatour-Nicloux

Dépôt légal : septembre 2017
ISBN : 978-2-36672-130-0
ISSN : 2553-1468

Cette collection a été réalisée avec le soutien du Conseil régional d'Occitanie et du Centre régional des lettres.

Imprimerie CPI Bussière, à Saint-Amand-Montrond, France,
août 2017.
N° d'impression : 2030117

Depuis 2008, Plume de carotte est engagée dans une démarche de qualité environnementale, sur son activité de conception et de réalisation de livres.
Ainsi, tous nos livres sont conçus et fabriqués :

- avec des papiers plus respectueux de l'environnement,
- avec des encres à base d'huile végétale,
- chez des imprimeurs situés à moins de 1 000 km de nos locaux et de ceux de notre distributeur.

Pour en savoir plus : www.plumedecarotte.com, rubrique « Qui sommes-nous ? »